MI ONCE
IDEAL

ORIBE PERALTA

con Livier Zúñiga

MI ONCE IDEAL

Principios y estrategias
para triunfar en la vida y el futbol

Prólogo de
CHRISTIAN
MARTINOLI

AGUILAR

El papel utilizado para la impresión de este libro ha sido fabricado a partir de madera
procedente de bosques y plantaciones gestionadas con los más altos estándares ambientales,
garantizando una explotación de los recursos sostenible con el medio ambiente y beneficiosa para las personas.

Penguin
Random House
Grupo Editorial

Mi once ideal
Principios y estrategias para triunfar en la vida y el futbol

Primera edición: octubre, 2022

D. R. © 2022, Oribe Peralta
D. R. © 2022, con la colaboración de Livier Zuñiga

D. R. © 2022, derechos de edición mundiales en lengua castellana:
Penguin Random House Grupo Editorial, S. A. de C. V.
Blvd. Miguel de Cervantes Saavedra núm. 301, 1er piso,
colonia Granada, alcaldía Miguel Hidalgo, C. P. 11520,
Ciudad de México

penguinlibros.com

D. R. © 2022, Don Porfirio, por las ilustraciones
Director de Arte: Misael Méndez
Ilustrador: David Park

ISBN: 978-607-382-075-2

Impreso en México – *Printed in Mexico*

ÍNDICE

PRÓLOGO

Wembley, 11 de agosto de 2012, justo a la hora del té británico. Oribe Peralta, junto al equipo mexicano, buscaba la medalla de oro en la catedral del futbol ante el Brasil de Neymar. Minuto 74:12, ponle play: tiro libre para México que es importantísimo, puede ser fundamental, puede ser el título. Llega entonces el centro, remate: "¡Oribe! ¡Gol, gol de oro, gol de oro, gol de Oribe!" Minuto 74:19: Oribe Peralta, todavía sin saberlo, se había transformado en una leyenda viviente del futbol mexicano después del monumental cabezazo que liquidó al arquero Gabriel.

El México futbolero jamás vibró como esa mañana. La anotación de Peralta, la segunda de ese partido, decretaba, incluso ante Brasil, un triunfo que no podía escaparse. Oribe, aquel muchacho de La Partida en Torreón, Coahuila, que aprendió a jugar en la tierra del "Jalisco", una cancha bautizada así porque los juegos se detenían para que cruzaran los rebaños de chivas que habitaban la zona y, de paso, para dar un descanso a los guerreros del campo bajo el temible y agobiante calor lagunero, nos lo había hecho sentir.

Pero ese logro, que tanto Oribe como el país entero celebraron, no fue su punto más alto a nivel individual; más allá de que la medalla de oro sea el logro más ostentoso que reside en los anales de la Federación Mexicana de Futbol, para el atacante nacional su olimpo particular lo vivió cuando anotó el gol del triunfo frente a Camerún en Natal, Brasil. En aquella ocasión bajo un aluvión y ante dos goles mal anulados para el equipo azteca, esa tarde al noreste de Brasil, el sueño de un niño se hizo realidad, porque meter un gol en una Copa del mundo mata póker.

Este libro, escrito desde la perseverancia, la resistencia, el orgullo, el afán, la entrega y el trabajo, abre las puertas para que cualquiera se atreva a perseguir su quimera en pos de querer distinguirse en su labor, en sus aspiraciones y en la búsqueda de un anhelo sin muros. Para llegar hasta donde logró subir Oribe se necesita comer mucha tierra, y no sólo la de los terregales desde donde comenzó a construir su destino, sino la tierra en forma de hechos y palabras que tratan, durante el recorrido de un futbolista, de minar el camino para transformar la ilusión de trascendencia detrás del balón en una simple utopía.

La peripecia de un muchacho orgulloso de los suyos, que nunca desistió de querer ser por más que los mensajes en su contra fueran duros y constantes antes del debut y también durante el profesionalismo, ya que cada día parecía que la gloria deportiva le deseaba ser esquiva. Por eso aquella frase de "Te llegó tarde el futbol" cuando alcanzó su clímax futbolístico y de trascendencia, era un mensaje, un sentimiento de murria lanzado por nosotros, los de afuera, los que veíamos en Oribe la jerarquía, el sitio, la explosión y la categoría que sólo te da la madurez dentro de un campo, ya que son los años los que te entregan la serenidad en la toma decisiones y en buscar el bien común de tu equipo. Sabíamos que el mejor momento de Peralta estaba entre nosotros pero que por un orden cronológico de vida no nos duraría todo lo que muchos quisiéramos. Porque el futbol para el que lo practica es muy cruel, pues cuando mejor sabe jugarlo y conoce todos sus secretos, las piernas le empiezan a decir basta y lo invitan a que viva la otra mitad de su vida sin, quizá, lo que más quiere: jugar profesionalmente a la pelota.

Mi once ideal nos introduce de manera ágil pero muy detallada en la lucha de un guerrero de La Laguna en busca de cumplir con talante su designio a pesar de los impactos que la vida le pone como rémoras.

Sólo he hablado cinco veces con Oribe Peralta; en la última, durante un minuto, para preguntarme si quería participar en su libro, y acá estamos agradecidos por el privilegio. En dos ocasiones fue para *Los protagonistas*, el día en que México estaba a horas de jugar en los olímpicos de Tokio ante Brasil; otra ocasión también para el mismo programa cuando anunció su retiro. Una más, a lo largo media hora, para el podcast *Exceso de Humo*; y la primera vez que nos cruzamos fue por 35 segundos en la sala de espera de un aeropuerto. Oribe se acercó y me dijo:

"Señor Martinoli, le quiero agradecer todo lo bien que se expresa de mí". A lo que respondí: "N'hombre, Oribe, te lo mereces, podemos sacarnos una foto para que se justifique que te conozco, ya ves que dicen que me pagas". Y terminamos riendo para después no volvernos a cruzar en persona jamás. Por eso agradezco nuevamente que me haya tomado en cuenta para este importante suceso en su vida, y que sigan los éxitos.

Sólo puedo darle las gracias por las memorias y por los instantes de emoción irrepetibles que nos hizo vivir desde su pasión y amor por el juego. Gracias, Oribe, suerte en lo que emprendas y "no te mueras nunca, Peralta".

CHRISTIAN MARTINOLI

PREFACIO

Mi amigo el balón

Siempre estuve ligado a un balón. Si me preguntaras, ése ha sido el gran éxito de mi vida.

En el futbol, la relevancia de este objeto esférico es imperante tanto si lo tienes como si no, y yo, desde que descubrí lo que me provocaba rodarlo, procuré tenerlo siempre cerca. El futbol depende del balón para poder ser, y así yo también me aferré a él, como si de ello dependiera mi existencia.

El balón ha sido para mí alegría. En las mañanas de Navidad, en mi infancia, mis hermanos y yo nos levantábamos con emoción a buscar el regalo prometido debajo del pino; mañanas que saben a café y tamales, aquellas en las que nos caía la noche jugando cascaritas con los amigos.

Recuerdo pocos momentos lejos de él. No estoy seguro de si lo encontré o él me encontró a mí, lo que cuenta es que nos encontramos y que, al hacerlo, me entregó un sueño, que también me ayudó a materializar.

El balón ha sido mi confidente y compañía. Me ha escuchado incondicionalmente, y tal vez ha pensado: "¿A quién le habla este loco?" Con todo, se ha mantenido inamovible y estoico, escuchando con paciencia la frustración en mis palabras cuando la vida ha puesto a prueba la viabilidad de mis anhelos y la firmeza de mi espíritu.

En su rol de maestro, ha sido severo y ha retado como nadie mi resistencia; además, es la causa de los golpes más dolorosos que ha recibido mi cuerpo y de las caídas más graves que he sufrido, que lejos de ser las que me han tumbado en el campo de juego, han sido aquellas producto de esa debilidad que a veces te deja encarnar, como para ver (y hacerte ver) de qué estás hecho en realidad.

Pero de todos sus papeles, el que más le agradezco es el de ser mi amigo. Con su espíritu juguetón me ha regresado la sonrisa al rostro aun con el marcador en contra. Gracias a un balón encontré mi rumbo, descubrí mi misión, y fue también gracias a la pasión que despertó en mí que tuve fuerzas para afrontar cada sacudida que, créeme, he atravesado más que varias. Como un verdadero mejor amigo, estuvo ahí y me levantó las veces en las que casi me atrevo a dejar de creer en mí mismo.

Gracias a un balón hoy puedo contarte mi historia que, como bien sabes, es la historia de un sueño cumplido: ser futbolista.

En estas páginas relato mis memorias, te cuento acerca de mí y de todo lo que nunca he dicho del camino que he recorrido, de mis victorias, mis fracasos y mis (múltiples) batallas.

Me he dado a la labor de convocar con este objetivo a Mi once ideal: aquellos principios y valores fundamentales que me forjan como individuo y como profesional. Te los comparto con el deseo de que te sirvan de inspiración para impulsarte a convertirte en la persona o el profesional que anhelas. Sin éstos, mi historia no podría contarse.

Si de algo estoy convencido es de que el futbol, con su aparente complejidad sistemática, se parece a la vida más de lo que refleja a simple vista. Dentro y fuera de la cancha el mayor rival a vencer es uno mismo, por lo que de corazón deseo que este libro te ayude a dibujar una mejor estrategia para tu juego personal, que te encamine hacia tu más grande victoria... hasta ahora.

Aspiro a que mis experiencias se conviertan en aliento y guía si en algún momento atraviesas por algo similar a lo que yo he vivido. Sé que si Dios puso en mi corazón el sueño de darle vida a este libro, fue para recordarte que en ti existe todo lo necesario para triunfar.

Igualmente, espero que las palabras contenidas en las siguientes páginas te ayuden a romper tus límites mentales, a trascender tus miedos y a despertar la valentía que existe dentro de ti. Que este libro sirva para recordarte que los tropiezos son parte de vivir y que el mayor triunfo es estar vivos. Y, sobre todo, deseo que este libro se convierta en la fuerza que te conecte con tu poder y que te lleve a ocupar ese lugar que está predestinado para ti: el lugar de tus más grandes sueños.

1
CLARIDAD

Eleva tus sueños, y mientras sueñas, en eso te convertirás.
Tu visión es la promesa de lo que serás un día; tu ideal es la
profecía de lo que finalmente descubrirás.

JAMES ALLEN

Cuna de adobe, destino de oro

Dicen por ahí que la personalidad de un individuo se ve influenciada por su origen y por su entorno.

Yo, de origen, soy terco, aferrado. Y de no ser por eso, por poco no nazco. Desde que fui concebido se me encomendó la lucha. El embarazo de mi madre fue catalogado como de alto riesgo, y dos veces antes de cumplir los seis meses de gestación fuimos a dar al hospital: mi madre con el riesgo de no salir para contarla, y yo con la posibilidad de no llegar al mundo. Pero, como les digo, soy terco. ¿Cómo no iba a vivir si se me había otorgado una clara misión? Como si quisiera asegurarme de cumplirla, mejor me les adelanté. Prácticamente llegué un mes antes de lo que esperaban mis padres, nací el 12 de enero de 1984. Si es verdad que tu origen determina tu temperamento, pueden intuir que desde aquel momento ya se vislumbraba que no iba a ser de los que se rinden fácilmente.

Llegué para convertirme en el deseado primogénito de don Miguel Ángel Peralta y doña Julieta Morones, ambos en sus veintes cuando comenzaron a formar nuestra familia. Me nombraron así, Oribe, en honor al delantero uruguayo que era muy popular en los años setenta por portar la playera azulcrema, Oribe Maciel. Este hecho nos brinda grandes antecedentes acerca de los amores arraigados en mis padres y también algunas pistas: el futbol estuvo en mí incluso antes de que aprendiera a patear una pelota.

En mis primeros años fui la encarnación de la típica expresión mexicana "güero de rancho": pelo rubio, tez clara, pestañas lacias; además, tenía un dinamismo imparable que se desató aún más con la llegada de mis hermanos Obed, Miguel y Julieta. Cada uno nos llevamos tres años.

El rancho que me vio nacer, crecer y soñar se llama La Partida. Más que rancho, le embona mejor el título de ranchería. Es el último poblado del municipio de Torreón, Coahuila, en la República Mexicana. Ahí, prácticamente en los límites del pueblo árido y terregoso que tanto quiero, estaba mi casa. Era una casa de adobe de dos pequeñas habitaciones y una cocina-comedor. En una de esas habitaciones, en la del fondo, había dos camas matrimoniales, una para mis papás y la otra para mis hermanos más chicos. En la otra habitación, cuya puerta era una cortina sujetada por un palo de escoba pendido de dos clavos y donde sólo había un ropero y una litera color café, dormíamos mi hermano Obed y yo. El privilegio que ese cuarto nos regalaba a mi hermano y a mí era el de contar con la vista de un jardín cuyo pasto a veces salía y a veces no; esa ventana también daba a la calle. Adjunto a la cocina, comprendida por una alacena, una estufa y una mesa, estaba un patiecito en el que lavaba mi mamá, mismo que con los años se tuvo que transformar en la nueva cocina-comedor, luego de que una tromba tumbara el techo de vigas, tableta y torta[1] del cuarto principal y tuviéramos que, digamos, rediseñar los espacios.

Una de las cosas que recuerdo con cariño de aquellos tiempos es un árbol de lila —muy típico de la región— al frente de la casa y uno de limón en la parte posterior, justo en la entrada al corral en el que criábamos gallinas y a veces cerdos, cuando mis tíos llegaban a dárselos a mi mamá. Todos los hermanos ayudábamos en su cuidado, tanto por gusto como por conciencia de que ésta era una vía de autosustento familiar.

Recuerdo —y extraño— también los *tacos doblados* de papa, queso o frijoles que mi madre preparaba, para luego adornarlos con aguacate, lechuga y jitomate. Ésos, junto con las gorditas o las enchiladas, podrían considerarse mi menú favorito de la infancia; una infancia feliz, libre, rodeada de primos y vecinos tan juguetones como yo, a quienes los días se nos hacían noches entre cascaritas y otros juegos.

¿Te acuerdas del jardín con pasto que a veces salía y otras no, y que se veía a través de mi ventana? Bueno, pues también en esa ventana se veía un poste de alumbrado público que luego prendía y luego no.

---

[1] Paja con lodo.

Seguro que para mis padres y para los de los demás niños esto significaba un poco de angustia por el riesgo que implicaba que una bola de chamacos —*huercos*, como decimos en el norte— anduvieran correteando por ahí solos a oscuras; sin embargo, para nosotros era la oportunidad perfecta para llevar el juego de "las escondidas" a nivel experto y guardar en nuestras memorias algunos de los momentos más divertidos que vivir en un pueblo nos permitió experimentar.

Atesoro cada momento en esas calles, con esa gente. Si cierro los ojos y conecto con la visión de mi "yo niño", y me veo lleno de tierra, entre balones y canicas, alegre y seguro. También veo a un niño que tiene un sueño entre esas cuatro paredes de adobe y la planta baja de la litera en la que duerme, un pequeño inocente que ignora lo que es portar un nombre que significa "el que trabaja el oro" y lo esto va a representar en su camino.

Como los de la tele

Mi mamá me cuenta que siempre andaba vestido para la ocasión, o lo que es lo mismo, siempre estaba listo para el futbol. Prácticamente todos los días se me veía en short, playera, calcetas y tenis para estar preparado, o como me decía mi mamá: "Por si acaso, ¿verdad, hijo?" De acuerdo con lo que ella recuerda, fui un niño muy desenvuelto que además siempre procuraba andar bien peinado. Era intrépido, inquieto, sin miedo a nada.

Así, pequeño, me comisionaban tareas de hermano mayor, por lo cual, como fiel y responsable paladín, tomaba mi bicicleta y la lista del mandado para ir a hacer las compras de los suministros: leche, huevo, tortillas, más el reto adicional de regresar con el cambio intacto.

En los estudios no me iba mal, aunque tengo que reconocer que de la escuela lo que más me gustaba era —sí, adivinaste— el *fut*. Tanto en los recreos como después de clases, al igual que en torneos oficiales, donde hubiera futbol, ahí estaba yo; y para hacerme segunda siempre estaba mi amiguito Ricardo. Entre lo juguetón y lo futbolero, no me perdía ningún evento deportivo. Mi mamá cuenta con cariño que así como era un torbellino de día, de noche suplicaba con ternura alivio para el dolor de las arduas jornadas: "Mami, sóbame mis patitas".

Desde pequeño amaba el balompié porque desde que tengo uso de razón envolvió mi vida e identidad. Si comprobaran que estos gustos se traen en el ADN, tendrían las pruebas de que todo esto me vino de sangre, heredado por los genes de mi padre, Miguel Ángel Peralta. Aunque el destino lo llevó a trabajar y a asentarse primordialmente en el sector agrícola, mi papá creció con el anhelo de convertirse en futbolista profesional; encontró en el deporte la vía para complementar su formación como individuo, una parte por las bondades para la salud que una práctica física consistente le aporta a tu calidad de vida, y otra parte por lo que representa para forjar el carácter. Por gusto y con gusto, llegó a la categoría semiprofesional en la tercera división, jugando para el equipo de la Universidad de Coahuila; aunque tuvo mucho reconocimiento local por su estilo, tuvo el infortunio de no lograr avanzar a mayores niveles. Lo mismo sucedió con uno de sus hermanos, quien luego de destacar por sus dotes de portero en la tercera división, no pudo hacer volar más alto su sueño, por lo que la válvula de escape de una pasión tan arraigada para ambos fue el mundo *amateur*.

Para mi familia, todos los fines de semana eran de futbol. Mis hermanos y yo amábamos ver a mi papá disputar el partido estelar del domingo. Gozábamos tanto esta costumbre que casi le dábamos el grado de ritual y contábamos los días para poder tener edad suficiente para convertirnos en participantes directos de esa liga ranchera.

Cuando no estábamos en el campo llanero, el futbol se disfrutaba desde casa a través de la televisión. Mis partidos favoritos siempre fueron los de la selección mexicana. Ver a jugadores como Hugo Sánchez, Jorge Campos, Claudio Suárez, Luis García, Ambriz y a todas aquellas estrellas de principios de los noventa, era para mí como ver a un séquito de superhéroes defendiendo un mismo escudo. Está de más que diga lo mucho que admiraba su talento y brillantez técnico-deportiva, aunque siendo muy transparente, lo que más admiraba era lo que le hacían sentir a la gente: emoción, orgullo y esperanza.

Honestamente, aunque en ese entonces era apenas un niño, yo sabía bien que no sólo me gustaba el futbol, sino que también tenía cualidades. Esas hazañas televisadas despertaban en mí un "yo también podría hacerlo". Un buen día, durante uno de esos partidos del equipo mexicano, recurrí a mi fuente más fidedigna para averiguar si eso que yo sentía en realidad podía ser posible. Me acerqué a mi padre y le pregunté: "Papá, ¿qué hace falta para salir jugando ahí en la tele?" Mi papá volteó a verme y me enlistó una serie de requisitos: "Bueno, hijo, pues que sepas jugar bien... Que te vea un visor o entrenador con experiencia que pueda reconocer tus cualidades para que te lleve a jugar y a probarte. Pero, sobre todo —hizo una pausa—, ¡hace falta que tengas huevos!"

Eso último me rebotó en el pecho somo si fuera un reto. Chiquito y todo, respondí seguro: "¡Pues yo los tengo!" Sólo mi papá sabe el grado de determinación que notó en mi voz y en mi mirada, porque nada más volteó a verme para decirme: "Qué bueno, hijo". Un "qué bueno" que para mí se sintió como la promesa: "Lo vamos a lograr".

En un ámbito en el que sólo uno entre más de mil llega a primera división, el voto de confianza que me dio mi padre me llevó a creer que en verdad podía ser posible. Apenas tenía siete u ocho años, sin embargo, ya sabía que algún día iba a jugar como los de la tele, aunque en el fondo era por la admiración y el amor que le he tenido siempre a mi padre, por el deseo de honrar y materializar un sueño que él no pudo concretar. Lo que más quería era jugar como mi papá.

Bienvenidos a "El Jalisco"

Una vez resuelto *el qué*, había que resolver *el cómo*...
¡Y también *el dónde*! Si iba a ser futbolista como ya estaba
decidido, en mi mente de niño era lógico pensar que entre
más jugara, más preparado iba a estar. Irónicamente,
para un pueblo futbolero como en el que crecí, encontrar
los espacios adecuados que me facilitaran el objetivo de
convertirme en el próximo Ronaldo, el brasileño, a veces
era complicado, aunque para el ingenio de un pelotón de
niños unidos por el mismo interés, jamás imposible. Ni
a mí ni a mis hermanos ni a mis primos ni al Pulgo ni al
Mouse ni al Chente ni al Sapo ni al Pecas nos iban a privar
de jugar futbol.

En incontables ocasiones, especialmente en aquellas en las que el poste del alumbrado público colocado
afuera de nuestra casa nos hacía la buena de sí funcionar,
la cuadra era nuestro campo de juego y de batalla. Incluso
contábamos con un sofisticado sistema de hidratación, que
en realidad no era más que la toma de agua de la casa
que daba a la calle. Lo frustrante era que con frecuencia, antes de llegar al minuto 15, los vecinos nos corrían
argumentando conducta antideportiva: "¡Ya nos tienen
hartos con los balonazos!", "¡Dan mucha lata!", "¡Váyanse
a jugar a otro lado!", "¡Aquí no los queremos!" Y no faltaba
la viejita que para rematar decía: "¡Váyanse a la cancha
grande!", mientras nos quitaba la pelota. Jamás olvidaré
lo que sentí cuando sin querer le pegué a la señora Petra

Cabrera con un balón que me regalaron en Navidad. Su mirada me lanzó directamente la amenaza de que pagaría por mi delito. ¿Acaso un torpe y descuidado balonazo es un crimen que merezca ser castigado con la tortura de despojar del balón a un niño que deposita todas sus esperanzas en él? No estoy seguro de que las Petra Cabrera del mundo sepan lo que se siente que te arrebaten la bola mientras te gritan: "¡Y no te lo voy a regresar!"

Volviendo a la "cancha grande", el tema era que, aunque estaba a escasas dos cuadras de la casa, o estaba ocupada por los niños más grandes que también nos corrían y no nos dejaban jugar, o que con la pelota en pleno juego era invadida por peatones, ya que estaba ubicada junto a la carretera y un gran número de transeúntes preferían bajarse a *nivel de cancha* para evitarse el tramo que implicaba descender hasta la parada. Ante la problemática, pusimos manos a la obra para generar soluciones.

Lo primero era encontrar un espacio lo suficientemente amplio, el cual logramos localizar en terrenos que antes se utilizaban para sembrar. El siguiente paso era acondicionarlo; hubo que quitar la hierba crecida, pintar el rectángulo que le daba el verdadero aspecto de cancha, reunir palos y tubos para ensamblar las porterías enmarcadas por tela de malla sujetada por piedras formando una red. Con orgullo, armamos una cancha chiquita, que se sentía nuestra; fue un refugio que nos recibió todas las tardes después de la escuela y del que nos despedíamos hasta que el sol se ocultaba. Mi memoria atesora esa canchita como si fuese un estadio, incluso terminamos nombrándola como uno, aunque no precisamente por las razones más románticas.

A un costado del terreno adaptado para esas cascaritas interminables, el papá de unos amigos tenía un corral para ganado donde criaba chivas. En varias ocasiones tuvimos que suspender las *retas*, pues nuestros equipos quedaban incompletos cuando su papá los ponía a cuidar y a ordeñar a las cabras. Incluso nosotros nos ofrecíamos para ayudarles con tal de agilizar el proceso y poder volver al juego lo más rápido posible. Otras veces, nuestros partidos eran interrumpidos por un grito que solicitaba: "¡Esperen a que pase el rebaño!", mientras veíamos desfilar a las chivas en medio de la cancha dirigiéndose hacia su corral. Por eso, con picardía, la apodamos como "El Jalisco", sin saber que con este gesto nos convertíamos en artífices de una profecía.

Los Vagos

Vengo de un lugar en el que en realidad no había mucho que hacer para distraerse, por lo que el deporte fue una fantástica manera de mantenernos ocupados. Ya fuera que te gustara el beisbol o el *fut*, siempre había un torneo al cual aplicar para participar, y por supuesto mi escuadrón y yo no perdíamos la oportunidad para apuntarnos.

Pasé por todas las categorías infantiles; con el transitar de una a otra, mis habilidades se iban puliendo, mi amor por el juego se fortalecía y confirmaba que esto era lo mío.

Podría decir que esa seguridad es uno de los regalos que te da la práctica, la acción. Uno puede jurar que desea algo, no obstante, no es sino hasta que vas, lo vives, experimentas, que puedes pasar del decir al sentir. La claridad no sólo está en la mente, es el cuerpo entero el que con sensaciones te dicta: "Por aquí es". Reconozco que tuve la fortuna de descifrarlo desde muy temprano; sin embargo, siempre es buen momento para plantearte o replantearte quién y cómo quieres ser, pues sólo así, paso tras paso, puedes ir dibujando tu victoria.

Un buen día, en plena pubertad, llegó el momento en el que ya no era tan pequeño y tampoco era exactamente de la misma edad que los demás, tuve los años suficientes, 13, para ser admitido en el equipo "de los grandes". Se hacían llamar "Los Vagos". En sus filas estaban personajazos como La Mascota, Mauri, Javi, Toto, entre otros. Por lo menos, eran 10 años más grandes que yo. Era una pandilla influenciada por la cultura de los cholos y me admitieron en lo que terminaría llamándose "Los Vagos 15", el primer equipo *amateur* perteneciente a la Liga Ranchera de mi natal Coahuila, donde jugué. A todo niño le llega su instante de "ya estoy grande", porque piensa que al hacerse el *adultito* tendrá más libertades o privilegios y, claro, algo había de eso al elegir unirme a ellos, pero aparte de esto, estaba la necesidad de probarme a mí mismo mis alcances.

Cuando tienes un objetivo definido, resulta indispensable identificar qué nuevas habilidades tienes que desarrollar para alcanzar ese nuevo nivel. Sabía que para llegar a primera antes tenía que subir varios escalones y que cada uno me ayudaría a ser más ágil y más fuerte. Sin duda, "Los Vagos 15" contribuyó a ese desarrollo.

2
VALENTÍA

La valentía no es la ausencia de miedo;
sino la fortaleza de seguir adelante a pesar de él.

PAULO COELHO

Ligas mayores… de La Partida

Durante mis primeros años de vida me caracterizó una audacia que con frecuencia rayaba en la osadía; simplemente no medía riesgos y, por supuesto, dicha audacia la trasladaba a mi pasión: el futbol. Una vez, un primo y yo jugábamos en la calle que más que calle parecía un territorio minado debido a que un grupo de trabajadores se encargaba de la instalación de la tubería en el barrio. En una de ésas, mientras pretendíamos pasarnos el balón a cabezazos, mi primo, en vez de hacer contacto con la bola, se encontró con mi quijada y el choque provocó que yo mismo me diera una mordida que me dejó con la lengua toda ensangrentada. Pobres de mis papás, ¡qué susto se llevaron! Fue uno de esos accidentes que concluyen en visita de emergencia al hospital, con varios días de alimentación meramente líquida y nieve de limón para desinflamar. Como ese incidente sucedieron varios más, producto de mi carente sentido del peligro; y es que la verdad me gustaba ponerle sabor a la vida. Otro día, por ejemplo, siendo aún niño, invité a unos chicos del ejido a "hacer la reta", éramos mi hermano Obed y yo contra un grupo de vecinos. Nosotros no teníamos dinero, pero mi seguridad en el juego era tanta que me arriesgué a apostar unos refrescos, aunque tuviera los bolsillos vacíos. Mi hermano, preocupado, me dijo: "Y si perdemos, ¿cómo le vamos a hacer para pagar? Mi mamá y mi papá no nos van a dar, ni yo traigo ni tú traes"; a lo que yo le respondí: "No vamos a perder, tú tranquilo, nada más no dejes que se te vaya ninguno y yo voy a meter los goles". Dicho y hecho, mi hermano y yo ganamos.

Cuando llegó la adolescencia, mi temperamento temerario se acrecentó. Me creía listo para todo y para más. Mi mente no encontraba el "no". No era necesariamente la prisa lo que me jalaba, sino las ganas; sobre todo, las ganas de jugar futbol, pues deseaba hacer lo que más me gustaba. Quizá otros lo hacían como recreación, pero ése no era mi objetivo, yo deseaba fervientemente que eso que tenía diseñando el destino para mí se sintiera cada vez más tangible. Seguramente entiendes cómo me sentía. Todos hemos tenido anhelos e ilusiones por los que quisiéramos acelerar el paso del tiempo con tal de acortar la distancia entre ellos y nosotros, especialmente cuando somos más jóvenes. ¿Recuerdas cuánto ansiabas que llegara tu cumpleaños? O ¿cuánto deseabas tener licencia para comenzar a manejar? ¿O que llegara el día para ser mayor de edad? Pues igual para mí; yo no podía pensar en otra cosa más que en el día en el que jugar en un estadio profesional se hiciera realidad. Estaba dispuesto a todo. Y gracias a la influencia del deporte y de mi familia, tuve a bien encaminar ese espíritu de manera favorable.

Era sólo un adolescente, sí, pero sabía que mis movidas tenían que ser contundentes.

Llevaba pocos domingos jugando con "Los Vagos" cuando se me extendió una invitación irresistible. José Luis Maldonado, médico veterinario zootecnista de profesión que, por pasión por el deporte, hacía de entrenador del primer equipo de mi localidad, me propuso unirme. Al parecer había recibido buenas referencias mías, y aunque el equipo que él encabezaba estaba conformado por jugadores que tenían más del doble de mi edad, apostaba por mí. Pese a que apenas conocía mis habilidades futbolísticas, no le era del todo ajeno; años atrás José Luis fue compañero de juego de mi papá en ese mismo equipo. Con el tiempo, mi padre fue transferido al seleccionado de veteranos, mientras que Pepe renunció a la posición de defensa considerando que su aportación sería más valiosa si se concentraba en el rol de más alta responsabilidad.

Me sentí halagado y entusiasmado con la propuesta. Se trataba de un equipo que, aunque amateur, contaba con jugadores de buen nivel y que, al ser parte de la Liga de La Laguna, se enfrentaba a escuadras con muy buenas cualidades. Era una grandiosa oportunidad para continuar con mi preparación, medirme ante rivales más experimentados y ascender otro escalón. ¡Por supuesto que quería! Habría dicho que sí de inmediato, de no ser porque sabía que a esa edad no era una decisión que dependiera únicamente de mí, por lo que debía consultarlo antes con mi familia. No perdamos de vista que mis compañeros y contrincantes me rebasaban considerablemente en años, experiencia y hasta en corpulencia; era una oportunidad que me emocionaba, pero que representaba riesgos.

No tenía miedo. "¡Yo ya sé cuidarme!", le dije a mi papá cuando fui a contarle de la invitación que había recibido, mientras él me compartía una lista de razones por las cuales enfrentarme a los casi 14 años a contrincantes de hasta casi 30 sonaba descabellado: "Hijo, te pueden lastimar. Hay gente muy malintencionada, tú estás muy chiquito". Así que con un "no" de antemano tuve que regresar días después donde José Luis para, con toda seriedad y tranquilidad, darle mi respuesta: "Para jugar en la mayor, hay que pedirle permiso a mi papá". Y así fue. Pepe visitó a mi padre para hablarle del interés que había por llevarme al equipo, de lo que podía representar en términos de desarrollo y con un as bajo la manga ante el argumento de "está muy pequeño, se puede lesionar", le soltó un: "Yo te lo cuido… Dame la oportunidad". Aquello fue suficiente como para cerrar el acuerdo, que se tornó en formal una vez que don Miguel Ángel sellara la conversación con: "Bueno, te lo encargo mucho".

Preparado para afrontar el reto, esperé con gusto el día de mi primer partido donde se me confirmó la entrada al campo al grito de: "¡Vamos, Oribe!" Entré como cambio en la delantera y me estrené con dos goles. Resultó muy placentero regresar a casa después del encuentro para darle la noticia a mi papá, quien incrédulo preguntaba: "¿Cómo?", mientras Pepe le recalcaba: "¡Sí, metió dos goles!" Estaba cumpliendo con honor el compromiso que hice tanto con Pepe como con mi padre; me sentía contento y mi confianza crecía al saber que defender mi postura me había puesto ante esta etapa. No podría haber sido diferente. Aunque en efecto sorteé llegadas muy fuertes que pudieron haber comprometido mi físico, este pasaje era sin duda un eslabón muy importante en la cadena de sucesos y personas que impulsaron mi crecimiento en el deporte; éste era un camino que tenía que andar no sólo para jugar mejor, sino para encontrarme con José Luis, a quien le estaré eternamente agradecido porque, sin mayor interés que el de apoyar a un niño con habilidades para el futbol, se convirtió en un gran defensor de mi sueño.

El Cepillo

En el deporte, como en cualquier ámbito, se debate sobre la fuente o "la clave" del éxito. Muchos lo atribuyen al talento, otros al destino y otros más a la mezcla de éstos, además de otros agregados. A partir de mi experiencia, podría decir que entre dichos factores, la gente que te rodea es crucial. Dicen por ahí que somos el promedio de las cinco personas con las que compartimos más tiempo; coincido en que la gente a nuestro alrededor genera una enorme influencia para construir nuestra visión del mundo, nuestra personalidad y para elegir nuestro rumbo. Hay otro dicho que declara: "Si caminas solo, irás rápido; si caminas acompañado, llegarás más lejos"; esta frase nos recuerda que el papel de las personas en nuestra vida puede ser incluso el de facilitador para la realización de nuestras aspiraciones. Es necesario estar despiertos y saber distinguir entre quién en verdad puede contribuir favorablemente en tu misión o quién te puede desviar de tus objetivos, pero si estás abierto a ello, siempre habrá alguien que te dé la mano.

En mi caso, crecí entre contrastes. Por una parte, estaban mis padres, quienes inculcaron en mis hermanos y en mí valores de bien, como el trabajo, la responsabilidad, la decencia. Por otro lado, estaban aquellos conocidos y hasta amigos que ante la pobreza se descarrilaron hacia el rumbo de las drogas y la violencia. Está de sobra resaltar que fui muy afortunado de no caer en esos terrenos, pero voy a hacerlo para que te tomes un momento y observes de manera muy objetiva si tú, en este momento, te estás rodeando de personas que suman en vez de restar a tu vida, porque estamos a punto de entrar en un fragmento decisivo de mi historia, el cual no habría sido posible sin una de esas personas que marcaron mi destino.

Cuando me uní a la mayor, estaba lejos de imaginarme lo que verdaderamente me aguardaba en ese breve periodo en el que fui parte del equipo: conecté con un guardián que abrazó mi sueño como suyo; un guardián que me compró zapatos para jugar cuando en mi casa el gasto no daba para renovarlos y hasta me daba de desayunar las veces que nos tocaba compartir el camino. Ese guardián fue José Luis Maldonado, y cuando una nueva puerta se me puso enfrente, con su ejemplo y apoyo incondicional en este y muchos otros momentos me ayudó a abrirla.

Luego de un torneo en el que desafortunadamente no resultamos campeones, vi un anuncio en el periódico que aludía a un centro de alto rendimiento dedicado a la formación de futbolistas profesionales, llamado Cesifut (Centro de Sinergia Futbolística). Me entusiasmé de inmediato, pensé: "¡Ésta es mi oportunidad!", del mismo modo que había pensado con todas las anteriores oportunidades. Quería postularme, sin embargo, tengo que admitir que en el fondo sentía un ligero temor de toparme con una decepción, pues para ese entonces mis más recientes intentos de hacerme notar resultaron fallidos. Por ejemplo, mis compañeros de la selección de secundaria y yo teníamos la ilusión de competir en la primera Copa Coca-Cola, un torneo nacional televisado que, ante mis ojos, era la ventana perfecta para mostrarme. Nuestro profesor-entrenador nos había inscrito, pero el anhelo se vino abajo cuando algunos miembros del equipo se pelearon a golpes con alumnos de otra secundaria, y los destrozos alcanzaron tal magnitud que la directora de la escuela agarró parejo con el castigo, decidiendo no dejar participar al equipo. Otro de esos momentos de corazón roto me lo obsequió Santos. A esas alturas, ya había ido a probarme al menos dos veces, y la respuesta fue: "Nosotros te llamamos". Pese a que todo apuntaba a que las probabilidades no estaban de mi lado, lo del Cesifut podía resultar diferente, así que tenía que intentarlo.

Hablé con mi papá respecto a mi deseo de probarme en esa institución, y me apoyó. El que también me hizo segunda fue Pepe, quien inmediatamente después de que le contara sobre la oportunidad me dijo: "¿Te quieres probar? ¡Pues vamos!"

La primera movida fue establecer contacto. Regularmente, los candidatos a unirse al instituto eran seleccionados por los propios profesores, pero otros tantos, como yo, dependíamos de acercarnos directamente solicitando un espacio de tiempo para manifestar nuestro interés. Pepe me consiguió ese espacio, que no me garantizaba nada más que quedarme para realizar una prueba más amplia antes de que se decidiera si podía ser admitido de manera definitiva. Por fortuna, se logró el cometido, así que ahora venía la de a de veras: dos semanas entrenando a prueba por las mañanas, la cuales precisarían si había un lugar para mí como prospecto de atleta de alto rendimiento en una institución que desde el minuto uno advirtió: "Aquí sólo se quedan los mejores".

Esas dos semanas representaron un desafío interesante. Pepe, a quien por respeto me dirigía como *ingeniero*, me llevó cada mañana. Quedábamos de vernos poco antes de las seis de la mañana para tomar camino. Él trabajaba en una empresa importante de Torreón, así que antes de comenzar su jornada garantizó mis traslados. Recuerdo que siempre tenía el gesto de comprarme un sándwich, un pan o algo para no dejarme con la barriga vacía y me acompañaba hasta que dieran las ocho, que era cuando comenzaban las pruebas. Una vez que el reloj marcaba la hora, lo demás estaba en mis manos: entrenar, aprovechar cada lección para aprender y demostrar que tenía la categoría para convertirme en futbolista profesional.

Después de entrenar me quedaba a comer en las instalaciones, para luego comenzar la travesía de aproximadamente hora y media de regreso en camión hacia mis rumbos, para poder llegar a tiempo al turno vespertino de la preparatoria, cumplir con mi horario de clases, pedirle al profe de la última hora que me permitiera salir 15 minutos antes para alcanzar el último camión que me llevara a otro camión, que era el último que pasaba hacia La Partida, para llegar a casa como a eso de las 10 de la noche a hacer tarea y a prepararme para la misma rutina el día siguiente. Así fue durante esas semanas. Fue un poco desgastante, pero la posibilidad de ser admitido de forma definitiva en el Cesifut era suficiente combustible como para mantenerme concentrado y motivado. En todo momento me sentí tranquilo y di lo mejor de mí para demostrar que valía la pena que se me considerara, y lo logré. Pude atraer la atención de quienes me evaluaban; primero quizá por mi apariencia larguirucha y con peinado militar, la cual me hizo ganarme de manera casi inmediata el mote de Cepillo, acuñado por quienes encontraban difícil recordar mi nombre; aunque también pude captar miradas por las razones adecuadas.

Cumplido el plazo, mi papá y José Luis acudieron a un encuentro con los *coaches*, donde se reveló el veredicto: "Le vemos cualidades muy interesantes al joven. Piensa muy rápido, tiene mucha idea para el juego, es muy hábil con el balón, tiene velocidad. Es un diamante en bruto y aquí lo vamos a pulir. Si están de acuerdo, éstos son los requisitos para la modalidad de internado bajo la que funcionamos, una vez que los complete, estamos listos para recibirlo".

¿Te imaginas lo que sentí cuando me lo notificaron a mí? ¡Era todo alegría, todo esperanza renovada! "¡Vieron algo especial en mí!", me repetía a mí mismo como recordatorio de que el compromiso se tornaba más serio que nunca. Con esto, había aprendido que una oportunidad te conecta con otra si te atreves a dar el paso; ahora estaba listo para continuar con el recorrido.

Ponte la verde

Incorporarme a las filas del Cesifut fue una experiencia maravillosa, me gustaba todo de ahí. En aquellos días las instalaciones eran bastante más modestas de lo que son hoy en día, pero como yo venía de no tener mucho, todo lo que ponían a nuestro alcance me parecía extraordinario.

Teníamos una cancha grande a nuestra disposición, un arenero para entrenamientos de fuerza, un intento de *gym* y una cancha de futbol 7 donde se desarrollaba la mayoría de los entrenamientos, dirigidos por los profes Julio César Armendáriz, Armando Aguilar, Carlos Vázquez y Óscar Torres. Los dormitorios estaban instalados en una especie de bodegón con literas mandadas a hacer especialmente para el espacio; ellos ponían los colchones y tú nada más tenías que llevar tu almohada. También había dos televisiones, una que se utilizaba en la sala de clases con fines deportivo-didácticos, y la otra en el dormitorio. Había un comedor grande, donde doña Mari y doña Rufis se lucían con un menú que nos mantenía bien nutridos. Y como cereza en el pastel, un balneario propio que le daba un aire de parque de diversiones. No vayas a creer que era un sitio como para estar de vacaciones, también teníamos responsabilidades.

Nuestro principal compromiso, por supuesto, era el futbol. Pero además de eso, se nos encomendaban labores que, aunque sencillas, son fundamentales en el afán de construir el carácter de un individuo: tender la cama como primer gesto para un día productivo; lavar tu plato como práctica de autocuidado; limpiar el dormitorio y el aula de clases, para fomentar el sentido de comunidad y de trabajo en equipo. El hecho de que nos inculcaran la importancia de esas pequeñas acciones reforzaba lo que también se me enseñaba en casa: el entrenamiento para convertirte en un digno profesional tanto en el futbol como en cualquier otro contexto se extiende a los momentos en los que la pelota ni siquiera está en juego.

Mi llegada al Cesifut también me trajo nuevos mentores, quienes hasta la fecha me acompañan. Uno de ellos es don Salvador Necochea, fundador del instituto, el cual siempre encontraba ocasión para aconsejarme: "Cuando triunfes, siempre apoya a tu familia y, en especial, a tu mamá. Si le compartes tu abundancia, la vida te lo va a multiplicar". También ahí crucé destinos con su hijo, Salvador Necochea júnior, quien con el tiempo se convirtió en mi mánager y luego, con los años, hasta en mi compadre.

Tal como lo vislumbré desde el instante en el que encontré ese anuncio en el periódico, en efecto, el Cesifut se convirtió en un abanico de oportunidades a mi favor. Un mes de junio, poco después de que me aceptaran, la selección mexicana sub-17 se encontraba de gira por el norte del país con la intención de disputar partidos de preparación rumbo al premundial y mundial, calendarizados para el año siguiente y el subsecuente. Visitó primero Monterrey para enfrentar a Tigres, después se fue a Torreón para enfrentarse con Santos, haciendo una parada adicional en el Cesifut para competir contra el equipo, también sub-17, del que yo formaba parte. La expresión que mejor describe cómo resultó el encuentro es: *¡Me lucí!* Tuve la fortuna de anotar los goles que definieron el marcador 2-0 a nuestro favor, además de generar algunas otras jugadas de riesgo. Para mí fue un resultado perfecto: jugar de local, ganar con la satisfacción de que la gente al frente de la selección me viera y terminaran otorgándome mi primer llamado para representar a mi país en categoría menor, vistiendo la verde.

Es raro, ¿no?, cuando llega el tiempo en el que un sueño ya no es tan lejano y empiezas a verte en medio de él. No sé si te ha pasado, pero, a veces, cuando uno repasa mentalmente lo que desea ver cristalizado en la realidad, corre una película frente a ti en la que te ves desde la posición del espectador, como si estuvieras sentado en una butaca frente a la pantalla en la que se proyectan tus anhelos. Y súbitamente, en un aparente pestañeo, estás ahí dentro, en plena acción, siendo protagonista de lo que en algún momento sólo imaginaste. Y es imponente y emocionante, y retador, incluso hasta piensas que se trata de un espejismo, pero es real.

Mi primera convocatoria oficial me fue notificada a través de un fax que recibí un martes por la tarde. El documento informaba que todos los convocados tenían que presentarse el lunes por la mañana, pero yo me enteré días después debido a que el aparato que recibía estos mensajes tenía fallas de señal. Nos llamaban a una concentración de una semana en Guadalajara, así que otro de mis compañeros, seleccionado también luego de aquel partido, y yo viajamos de inmediato. Como si hiciera falta agregarle más suspenso a la situación, una vez en Guadalajara, nos equivocamos de sede. Llegamos a Verde Valle sólo para enterarnos de que la concentración estaba en La Primavera, de modo que tuvimos que hacer vaquita de entre nuestros de por sí limitados viáticos para tomar un taxi que nos llevara a la sede y no perder más tiempo.

A partir de entonces comenzó un ciclo que me llenó de satisfacciones y que me permitió hacerme de mis primeros pequeños grandes méritos internacionales. Entre mis experiencias favoritas recuerdo un mundialito con sede en Argentina; un cuadrangular entre las escuadras de Italia, Brasil (Holanda), los anfitriones y México. No quedamos campeones, pero ganamos algunos partidos, anoté goles y regresé con la alegría de haber sido denominado "el jugador del torneo", por encima de oponentes como Carlos Tévez y Javier Mascherano.

Todo parecía acelerarse; el porvenir era brillante. Si esto era sólo el inicio, no podía esperar a que se me mostrara todo lo que había en medio del sendero.

3

FE

Aquel que tiene fe, nunca está solo.

CARLYLE

Creer para crear

Desde el instante en el que elegí firmemente apostar por un sueño llamado futbol, asumí ser quien más creyera en que ese sueño era posible. Decidí moverme bajo el lema de "Creer para crear", y como te darás cuenta, paso tras paso, se fueron revelando los caminos, las personas y las oportunidades. Me gustaría recalcar las palabras *elección* y *creer*, porque en las próximas líneas verás cómo ambas se convirtieron en mantras que guiaron mi andar.

En el futbol se habla de la suerte como una dosis de azar que, en ocasiones, determina el resultado. No voy a negar que durante mi vida y carrera he presenciado situaciones que parecen no poder explicarse de otro modo más que como sucesos producto de la casualidad, pero cuando se trata del juego de vivir, la voluntad representa un papel estelar para darle rumbo y sentido.

Por voluntad, yo elegí confiar en que si en mí nació un deseo fue porque se puso ahí con un propósito, por consiguiente también elegí creer que si ese propósito me fue dado es porque habría de cumplirse, y que ni colocándome en medio de mi propio camino iba a poder impedirlo. No tenía idea de cómo iban a suceder exactamente las cosas, sin embargo, di un salto de fe. Para algunos, la fe es moverse pese a la incertidumbre; para mí, la fe es moverme con la certeza de que siempre estoy cobijado. Todos lo estamos, tú lo estás.

Creo en mí, desde luego. Creo en mis capacidades y talentos, así como en que mis debilidades pueden transformarse en habilidades si trabajo con dedicación y entrega; pero, sobre todo, creo en Dios, en su amor, benevolencia y grandeza. Creo en Él como la fuerza siempre presente que guía y sostiene. Él, quien en cada persona siembra una chispa, una esencia.

Sé que Él maneja todo y es justo porque Él va al volante, incluso en los momentos de turbulencia guarda una bendición. Quizá para ti esta poderosa fuerza se llame "energía", "universo", "divinidad". Como sea, confía que vive en ti, porque negarla sería negarte. Creer te hará fuerte, especialmente en los episodios en los que la duda y el miedo te metan una zancadilla y te saquen de balance.

Te preguntarás por qué dedico un apartado para insistirte sobre esto; digamos que es porque estamos a punto de entrar a una de esas etapas en mi historia enmarcadas por la desesperanza, lo cual casi interrumpe de manera definitiva mi juego, y sin fe no habría sobrevivido.

4
PACIENCIA

No tan rápido

¿Alguna vez has experimentado algo tan especial en tu vida que te provoque pensar "parece demasiado bueno para ser verdad"? Como si en medio del estado de ensueño por la belleza de la realidad estuvieras también de alguna forma expectante por el momento en el que todo pueda tornarse una pesadilla. ¡Qué afán el nuestro por abrirle la puerta a la tragedia a través de la duda!

A los 17 súbitamente me encontré flotando en una de mis fantasías. Las concentraciones con la selección nacional sub-17 rápidamente derivaron en entrenamientos con la selección mayor. Sin aviso oficial ni mayor protocolo, de pronto a un compañero de aquel entonces y a mí simplemente nos dejaban practicando con el primer equipo. ¡Cómo explicarte mi alegría! Aquello se sentía como una respuesta directa a mis plegarias. Portaba la casaca de mi país y compartía con los íconos que me inspiraron a prometerme que me convertiría en futbolista. Cuando los veía jugar en la tele deseaba transformarme en profesional como ellos, pero admito que jugar en la misma cancha fue una sorpresa del destino que yo no tenía contemplada. Ahí estaba yo, junto a Jorge Campos (con su gran sentido del humor), Claudio Suárez y Chima Ruiz, quien por cierto tuvo el amable gesto de regalarme unos zapatos. Mis aspiraciones se hacían tangibles, y envuelto en la emoción, jamás anticipé lo que estaba por venir.

¿Recuerdas alguna vez haber despertado de golpe en medio de la noche por algún sueño inquietante? Pues justo así, con esa misma sensación de sobresalto me encontré un día ante la peor pesadilla de un atleta: una lesión.

A sólo tres días de distancia para viajar a Brasil al premundial para el que me habían seleccionado, un 30 de diciembre, durante una concentración en la Ciudad de México, nos enfrentamos en un partido amistoso de preparación ante un equipo de divisiones menores de Cruz Azul. Aunque todo pasó muy rápido, fue un suceso con un impacto tan profundo que cuando lo evoco en mi memoria cada acción transcurre en cámara lenta: recorro la cancha hasta llegar al área buscando generar espacio, me habilito, les gano la espalda a los defensas, me filtran el balón, y cuando hago la recepción llega el portero y me pega con la rodilla en la pierna de apoyo provocando que caiga. La entrada fue tan fuerte que caí en un grito que, además de expresar mi dolor, pregonaba mi miedo. "¿Qué está pasando? ¿Por qué duele tanto? ¡¿Por qué ahora?! ¡¿Por qué a mí?!", pensaba. El punzar era tan intenso que de inmediato supe que se trataba de algo delicado y no pasó mucho tiempo antes de que una radiografía confirmara mis sospechas. El diagnóstico dictaba fractura de tibia y peroné, sumado a un periodo indefinido de recuperación. Pese a que mi panorama era desalentador, aún contaba con la inocencia suficiente como para mantenerme optimista.

Pasé una de las noches más difíciles que recuerdo hasta ahora. Me asombraba y al mismo tiempo me atormentaba pensar en la similitud entre la situación misma y la lesión. En jugadas como la que causó este incidente, el jugador queda a ciegas, por lo que no ves venir a tu atacante y mucho menos anticipas el golpe. Del mismo modo, yo no vi venir este evento.

Al día siguiente se lo notifiqué a mi familia. Como en mi casa no había teléfono, para poder comunicarme tenía que marcar a la casa de mi tío Alfredo, hermano de mi padre, quien vivía a dos cuadras. Esa mañana llamé pidiendo hablar con mi mamá: "Díganle que le marco en 10 minutos". Cumplido el plazo, marqué de nuevo para encontrarme en la línea con una mujer que con su intuición de madre ya presentía que las noticias que estaba por compartirle no eran buenas: "Mamá, me fracturé la pierna… Me inmovilizaron desde el tobillo hasta el muslo. Me voy a tener que regresar". Mis hermanos me cuentan que cuando volvió a casa no paraba de llorar mientras les comunicaba las novedades y todos se organizaban para decírselo a mi papá. Tanto para mí como para ellos, las horas pasaron lentas hasta confirmarse que volaría de regreso a Torreón esa noche. Inicialmente se hablaba de la posibilidad de operarme ahí mismo, en la Ciudad de

México, pero se decidió que era mejor enviarme de regreso para que me atendieran en mi tierra. La angustia de mis papás se acentuó porque además tenían que resolver cómo recogerme del aeropuerto, pues a falta de auto, alguien tenía que hacernos el favor.

Llegada la noche, apoyándome en las muletas bajé del avión para encontrarme con mi familia, quienes con evidente preocupación y tristeza en la mirada me ayudaban con las maletas a la par que me recibían con palabras de aliento. Yo, con toda la convicción, les respondía: "No pasa nada, son cosas del futbol... Voy a estar bien". Y aunque en verdad lo creía, tengo que reconocer que en aquel momento no dimensionaba la gravedad de una lesión de esa magnitud y sus repercusiones.

Aun así, cuando te enfrentas a una situación tan dolorosa —literal—, como en el instante del impacto, en el fondo quisieras encontrar una respuesta: "¿Por qué?" ¿Por qué si todo fluía tan bien? ¿Por qué si estaba a punto de disputar una competición mundial? ¿Por qué cuando estaba más cerca que nunca de mis ídolos? ¿Por qué justo cuando tenía una posibilidad con miras internacionales? ¿Por qué ahora? ¿Por qué a mí?

Poco vislumbraba cuántas lágrimas me costaría entender que es verdad que "los tiempos de Dios son perfectos", y que esta pausa forzada era parte del plan perfecto que Él tenía para mí; que quizá, para lo que me esperaba en el futuro, en efecto, iba muy rápido, y que ésta era su manera de decirme: "Te necesito para otra cosa".

Ya no quiero

No me lo expresaban abiertamente, pero yo podía adivinar en las miradas de algunas personas que al verme así, inmovilizado, después de haberme conocido imparable, muchos pensaban: "Se truncó su futuro". En cambio, yo comencé mi recuperación confiado en que la fortaleza de mi espíritu sería suficiente para ponerme bien, y hasta idealizaba la posibilidad de que sucediera rápido. No fue así.

Como imaginarás, la atención médica jugaría un papel crucial en mi rehabilitación, y, al respecto, se hizo todo lo que se pudo. Mi padre y José Luis Maldonado me llevaron con el doctor Chavarría, un reconocido traumatólogo de un poblado cercano llamado Monte Alegre. Con nuevas radiografías, confirmó la fractura de tibia y peroné, compartiéndonos un diagnóstico crudo, pero realista: "Es una lesión seria que va a llevar tiempo. Aunque tienes un poco desfigurado el hueso, gracias a tu edad poco a poco va a soldar y a reestablecerse para quedar como si nada".

El mayor antídoto, además de medicación y rehabilitación, era el tiempo, y la incógnita era cuánto. Todo mi tratamiento fue prácticamente producto de la caridad, y lo digo con profundo agradecimiento. Por una parte, el doctor Chavarría me atendió múltiples veces sin cargo alguno o cobrando apenas lo elemental; por otro lado, Pepe continuó ofreciéndose a llevarme a mis revisiones, además de comprar medicinas que al tener que conseguirse en Estados Unidos se pagaban en cientos de dólares, pero prometían ayudar a acelerar el proceso de sellar mi hueso. Mis padres también hicieron esfuerzos extraordinarios para cubrir los requerimientos de mi recuperación. Mis hermanos, primos, tíos y la familia entera me arroparon e hicieron todo lo que estuvo a su alcance para apoyarme y subirme los ánimos durante aquel periodo en el que las valoraciones médicas podían ser "Ya vas mejorando" o "No hay mejoría, no ha pasado nada, no ha soldado el hueso".

Durante un lapso de entre tres o cuatro meses, mi accesorio fijo fue un yeso que, por supuesto, terminó firmado por todos mis amigos. Por indicación y asistencia del doctor Chavarría, quien me trató muy conservadoramente, pasé de tener inmovilizada la pierna entera de pie a muslo, a probar con unos cortes del yeso en rodilla y tobillo, de modo que sólo la tibia y el peroné quedaron cubiertos, retomando una técnica de curación que, de acuerdo con el médico, se utilizaba en la guerra. Eso me permitió recobrar movilidad. Podía caminar, pero no correr; perfecta metáfora de que con toda esta situación la vida me pedía tener paciencia.

Reconozco que me costó aceptar que me hacía falta tener calma. Hice todo lo que pude por pisar el acelerador con la esperanza de despertar a la siguiente mañana como si no hubiese sucedido nada, libre del dolor y recuperado como por obra de un milagro. Oficialmente estaba inhabilitado, pero *off the record*, yo llevaba mi muy personal proceso de rehabilitación complementaria asistida por mi hermano Obed, quien actuaba como mi cómplice arriesgando su propio pellejo. Una vez que el doctor comenzó a sugerir esos cortes en el yeso para reacostumbrar a mi pierna de apoyo al movimiento, yo, sin autorización, me tomé la libertad de hacerlos más grandes. "Oye, ayúdame a cortarle otro pedacito", le decía a mi hermano. "Ándale, tú córtale, para poder jugar", y así logramos que llegara un momento en el que el mentado yeso me cubría únicamente del tobillo hasta debajo de la rodilla, de modo que —en mi mente— estaba listo para volver al campo de batalla.

Ni el doctor Chavarría ni los doctores del Cesifut ni mis papás lo sabían, pero mucho antes de que pudiera siquiera aspirar a ser declarado como "dado de alta", yo ya estaba jugando. El secreto no se pudo sostener por mucho tiempo y los rumores de mi regreso al famoso campo Jalisco de La Partida llegaron a mi padre, quien no tardó en aparecer de sorpresa con la intención de hacerme caer en cuenta: "Oye, Oribe, no. Tienes que cuidarte"; a lo que yo respondía sin que fuera cien por ciento la verdad: "No te preocupes, no me duele, estoy bien, puedo jugar", aunque mi pierna coja delataba la realidad. Mi cuerpo no estaba listo, cosa que a mi mente y a mi deseo les costaba mucho asimilar.

¿Te has visto en ese abismo? ¿Aquél en el que tu cordura pende de un hilo mientras la frustración se torna en desesperación? Ahí, en ese lugar, al que nunca creíste llegar y donde renunciar se vuelve una posibilidad, pese a que te prometiste mantenerte imbatible. Si bien el riesgo de lesionarse podría considerarse como contrato implícito para el deportista, uno nunca está lo suficientemente preparado para sopesar el efecto total de un golpe que además de impactar tu cuerpo impacta tu espíritu, y mi espíritu, el de un joven que no llegaba ni a la mayoría de edad, se estaba resquebrajando.

Aquellas literas que años atrás me veían dormir abrazado de un balón y soñar despierto con ser futbolista ahora me escuchaban debatir sobre la posibilidad de tirar la toalla. Varias noches, cansado y agobiado luego de regresar de mis consultas, hablaba de cama a cama con mi hermano Obed: "¿Estás despierto?" "Sí, ¿qué pasó?", siempre oídos, siempre soporte. "Sabes qué, ya no quiero jugar, me duele. Ya estoy cansado de seguir yendo al doctor y que no haya mejoría. Nomás es ir y gastar dinero que mi papá no tiene, nomás los hago gastar, preocuparse y no pasa nada. Ya... Ya no quiero." De verdad, sentí que no daba más. Había perdido la confianza en mí mismo, así que mi plan era conseguir un trabajo y seguir estudiando. "Aguanta, Oribe, aguanta", respondía mi hermano; y lo mismo me decían mis papás, mis tíos, mis primos y mis amigos: "Aguanta", insistían, buscando reconfortarme, mientras yo seguía debatiéndome entre aferrarme o renunciar. Por fortuna, supe escuchar. Toda esta experiencia fue mi primera gran lección de que, en efecto, cada día es un nuevo comienzo y que esto apenas marcaba el inicio del resto de mi vida, y si algo sabía es que mi vida era vida gracias al futbol.

Nunca antes tuve el valor para decírtelo de viva voz. Ya sabes, a veces uno da por sentado que el otro intuye lo que uno lleva en el corazón, pero ya que se ha creado el espacio para recordar ese episodio que tanto me marcó, quiero aprovecharlo para que lo sepas:

Papá, gracias. Tú crees que no me di cuenta, pero siempre supe que fuiste tú quien habló con mis entrenadores del Cesifut para pedirles que me convencieran de no claudicar. Sé que les pediste que me hicieran ver que mis habilidades futbolísticas eran reales. Juntos me ayudaron a comprender que la impaciencia podía condenarme de por vida y que si no aprendía a levantarme moralmente de las caídas mucho menos sería posible que pudiera estar listo para llegar a la cima. Gracias porque tu intervención fue crucial, pero sobre

todo gracias porque tu ejemplo me llevó a aprender que el trabajo y el esfuerzo hacen la diferencia en el carácter de un hombre. En serio, gracias, viejo.

Tienes hasta los 19

Ampliando el ejercicio de rendir honores a quien honor merece, permíteme tomarme un momento para agradecer ahora a mi amada madre, pues si algo grande hizo por mí además de criarme con devoción, fue ponerle un plazo a mi sueño.

De mi mamá se podría decir que era la figura de mayor rigor en nuestra familia. Al tener el paquete de encaminar correctamente a cuatro hijos mientras su esposo se dedicaba a asegurar el sustento de su hogar en jornadas completas, siempre desbordó sus esfuerzos para inculcarnos disciplina. Durante toda nuestra infancia hizo énfasis en la importancia de estudiar y de prepararnos para asegurarnos un mejor porvenir; así la educaron a ella y no deseaba menos que ver recibidos de la universidad a sus críos, así que imagínate lo nervioso que me sentí el día que por fin me armé de valor para pararme frente a ella y decirle que no estaba seguro de poder cumplir con exactitud su sueño, pues yo lo que quería era ser futbolista profesional. Nunca me dijo no, sin embargo, tuvo el acierto de ponerme una fecha límite con el afán de evitar que me entretuviera en una fantasía que podía llegar a no ser posible. Hoy, a la distancia, entiendo que así me orilló a mantenerme enfocado, pues yo sabía que si quería cumplirme a mí mismo la promesa que me hice de triunfar en el balompié, no podía pretender que tenía todo el tiempo del mundo, por lo que mi actitud fue de empeño, de aprender a crear y aprovechar todas las oportunidades.

Es paradójico esto del éxito. Por un lado, te exige ser paciente y soltar el control sobre aquello que no está a tu alcance; por el otro, te demanda empujar con todas tus fuerzas hasta lograr que lo que haces rinda frutos. "Está bien, pero tienes hasta los 19, Oribe. Si para ese entonces no ha pasado nada, te me regresas a estudiar." Sus palabras se me clavaron como cronómetro en cuenta regresiva.

Luego de superar la mencionada lesión, el futbol insistía en reiterar las lecciones de paciencia. Está claro que el primer gran reto fue recuperar la movilidad y habilidad física, pero los retrasos y las trancas me hacían cada vez más difícil recuperar la confianza que me había caracterizado. De todos modos, me mantuve listo para lo que viniera.

Una vez recuperado, el primer paso fue irme a Durango convocado por el entrenador con el que trabajé en el Cesifut; sin embargo, al final se decidió que no me quedaría de manera definitiva, así que me tuve que regresar a

Torreón. Luego, me mandaron a prueba a Chivas; estuve aproximadamente seis meses, algunas veces entrenando en segunda división y otras en primera. Oscar Ruggeri me había visto y parecía decidido a apostar por mí, pero una nueva fractura, ahora de clavícula, me dejó parado por un mes. En ese lapso corrieron al entrenador y a mí me dieron las gracias, así que una vez más tuve que regresarme a Torreón sin un panorama claro de qué podría pasar con mi carrera, entrando a un nuevo proceso de rehabilitación —por una fractura en clavícula— y entrenando para mantenerme en forma.

En esa pausa, volvieron las charlas nocturnas con mi hermano en las que le juraba: "Ya estoy fastidiado de esto. Ya no quiero jugar más". Por fortuna, cuando casi me convencía de ya no poder y el tictac del reloj estaba por marcar la hora que cumplía el plazo, las cosas comenzaron a darse.

5
PERSEVERANCIA

Mamá, ya me pagaron

Hay frases tan poderosas que se instauran a través del tiempo como breves manuales del *qué* o el *cómo*; pequeñas guías que adoptamos como manifiestos. Cuando se trata del éxito, una de esas frases que suena y resuena es aquella que promete: "Persiste y vencerás". Es básicamente una invitación al "nunca te detengas" que, aunque habla de moverse hacia delante, también está a un paso de convertirse en sinónimo de "aguanta"; y siéndote muy transparente, para que en el camino hacia nuestros sueños uno pueda reconocerse pleno y satisfecho, hace falta más que simple aguante.

Por eso me gusta más hablar de perseverancia, a la cual también se le ha adjudicado una de esas frases que no se olvidan: "El que persevera, alcanza". Aunque se limita a un resultado final, contrario a la primera que te pone en pie de lucha, ésta te va dejando entrever que, como producto del tesón, la constancia y dedicación, siempre llegarán las recompensas, más por ánimo e intención que por ese aguante o resistencia. En una imagen, para mí, la perseverancia se ve como escalar una montaña sin equipo de protección; un ascenso rocoso y vertiginoso, donde estás más cerca de la cima tras la conquista de cada brecha y arista.

En ese peregrinar montañoso, yo estuve en riesgo de caer hacia el precipicio. La voluntad de seguir subiendo se me adormecía. Pedía, mientras me aferraba a las rocas con las yemas de los dedos desgastados, una señal, algo que me indicara que valía la pena continuar, algo que me diera la bocanada de oxígeno que me estaba haciendo falta para mantenerme. Una prueba para Monarcas, Morelia, fue ese respiro que estaba necesitando.

Mi representante, Salvador, se encargó de tocar las puertas del club para que me dieran la oportunidad de probarme. En aquel entonces Rubén Omar Romano era el director técnico y gracias a la habilidad de Salvador para promoverme como el volante delantero promesa, éste accedió a verme y luego me abrió un espacio en su escuadra suplente. Como te imaginarás, era un escaparate que debía aprovechar al máximo, así que me prometí honrar el voto de confianza que se me había otorgado, destacando en todo aspecto para cumplir con la expectativa de Romano de ser un elemento no sólo con aporte futbolístico, sino con carácter; todo un profesional que, aunque sin contrato, estaba ahí para entregarse, comprometerse y nunca achicarse.

La prueba se extendió dos meses. Entrenar con un equipo de primera, con apenas rebasada la mayoría de edad, sin haber pertenecido antes a ningún equipo oficial —salvo ese breve periodo a prueba con Chivas— y de la mano de uno de los directores técnicos reconocidos por su alto nivel de exigencia y fuerte personalidad, resultó ser, sin duda, un examen desafiante. Me tocó ser "el nuevo", lo que en el futbol algunas veces significa que los jugadores titulares se ensañen, que durante los entrenamientos no midan la fuerza y te peguen, que se hagan bromas pesadas. Lo cierto es que, como en todo, también está la otra cara. En este caso, la de un equipo técnico que confiaba en mí; la de una institución que me abrió las puertas de su casa club para darme techo; la de un *staff* que me hacía sentir como en casa con el "buenos días" de cada mañana; la de la cocinera que me apartaba alimentos especiales a la hora de la comida.

Me resulta muy especial regresar la mirada a aquellos días y observar la inocencia con la que hacía las cosas. Es ver el reflejo de un chico quizá introvertido que, con destellos de genialidad, comenzaba a hacerse una fama al interior del club. En una de las visitas de mi también bastante joven mánager durante un partido interescuadras, me aventé un golazo. Con decirte que su cara no pudo contener la sonrisa y su voz el grito, algo no muy común en un sujeto poco expresivo como él. En respuesta, le cayó un balonazo del gringo Scoponi, auxiliar técnico de Romano en ese momento, que al mismo tiempo le cantaba: "Ah, ya estás muy crecido con tu pibe, ya estás muy crecido con tu pibe, ¿no?", gesto de complicidad que se selló con risas.

En procesos como éste, el joven futbolista se desvive por destacar. Lo que vuelve todo aún más intenso es saber que ni con todo el esfuerzo del mundo se tiene nada asegurado. Y, francamente, eso genera incertidumbre. En mi caso, me regresó a las conversaciones conmigo mismo planteándome: "¿Qué voy a hacer si no se da?" Yo no tenía plan B. Mis prioridades eran el futbol o el futbol. Pero digamos que, si hubiera tenido que recurrir a un "rómpase en caso de emergencia", se me ocurría que podía volver a La Partida a trabajar recogiendo tomates que, junto con la pizca de algodón, era una actividad a la que una gran cantidad de personas de la región recurría como fuente de sustento. Mi padre, quien en sus tiempos pudo solamente cursar hasta cuarto año de primaria, desde los 11 o 12 años tuvo que sumarse a las jornadas de cultivo para contribuir a la economía familiar. En mis tiempos, muchos de mis amigos y conocidos seguían haciéndolo, especialmente durante el periodo vacacional, y por los mismos motivos. En alguna ocasión mis hermanos y yo insistimos en que nos dieran permiso de ir a trabajar a la siembra; nos atraía el hecho de que mucha de la gente que conocíamos lo hiciera y sonaba divertido. Aunque mis papás hacían todo lo posible por evitar que nos expusiéramos a condiciones como las que ellos tuvieron que atravesar a lo largo de su infancia, condiciones tan exigentes y ajenas a esa edad, logramos que nos dieran permiso de ir. No fuimos solos, nos llevó mi mamá. Detrás de la casa sembraban algodón y esa vez nos dimos a la labor —ahí como pudimos— de llenar un costal. La verdad es que se requiere de mucha habilidad para dejarlo limpio, sin hojas ni basura. La gente con más experiencia dedica toda la primera fase de recolección a dejarlo lo mejor posible; nosotros llegamos durante la fase final, cuando hay menor empeño por una limpieza excelsa. Nos ganamos unos pesos que usamos para comprar cualquier cosa y, sobre todo, nos llevamos una lección de trabajo digno, al mismo tiempo que comprendimos plenamente por qué papá y mamá insistían tanto en que nos enfocáramos en nuestros estudios, haciendo todo lo que estaba a su alcance para brindarnos las herramientas que nos ofrecieran un mejor porvenir.

Otra opción era integrarme de manera formal a las filas del grupo musical versátil La Quinta Clave, que formaron mis tíos y mi papá para tocar *covers* de cumbias y corridos norteños en fiestas los fines de semana, y donde yo ya había fungido algunas veces como jala cables y carga todo. Total, sólo hacía falta aprender a tocar algún instrumento o convertirme en su "hermoso" cantante; el gusto por la música me venía natural y, a final de cuentas, tenía el antecedente directo de mi papá, quien se había acercado a ella precisamente en un momento de crisis en el futbol, después de lesionarse el ligamento cruzado. Él encontró en el teclado y el saxofón una vía de canalización positiva para la frustración, así como una nueva herramienta que se traducía en ingresos complementarios para nuestra familia. Conllevaba riesgos diferentes, como que en medio de las fiestas los pasaditos de copas se pusieran de necios, pesados y hasta detonaran armas al aire para hacerse los importantes. Aun así, de que era una opción, lo era.

Pero ¿recuerdas lo que hablábamos hace algunas líneas? ¿De cómo la recompensa llega a manos de quien persevera? Pues me llegó. Mi primer acuerdo con un equipo de primera división; acuerdo que me acreditaba como miembro formal de las filas de Morelia. "Señoras y señores, mi nombre es Oribe Peralta y, ahora sí, soy futbolista." Por supuesto, ¡estaba feliz! Y además de feliz, también muy agradecido, y si me permites reconocerlo, hasta un poco aliviado. Embarcarse en la travesía de cumplir tus sueños implica ciertos términos meramente prácticos, como lavar la ropa, pagar transportes, comprar elementos básicos, y mi bolsillo no daba para sostener mucho tiempo más un periodo a prueba sin goce de salario. Adicionalmente, recordemos que yo tenía un cronómetro en cuenta regresiva impuesto por mi madre que estaba a punto de marcar la hora final.

Cuando recibí la noticia, pasó por mi mente toda la gente que confió en mí. Pensé en mis padres, en mis hermanos, en el resto de mi familia, en el ingeniero y en los Necochea. No iba a defraudarlos.

Aproximadamente 15 días después de haber firmado ese primer contrato, recibí mi primer sueldo: 7500 pesos que sintetizaban el fruto del trabajo de toda mi vida hasta ese momento. Mi instinto me dirigió a hablarle a mi mamá para compartirle la noticia. Esta vez, en lugar de estar al otro lado de la línea para darle malas noticias o para llorarle que ya no podía más, por fin podía darle buenas nuevas. Por fin me comunicaba para decirle "¡lo logramos!" Así que marqué, como era costumbre, a la casa del tío para que fueran hasta la nuestra para notificarle que le hablaba su hijo.

"Mamá, ¡ya me pagaron!" Sin contener su alegría, tampoco pudo contener su preocupación. A mi hermano Obed le habían roto la nariz, necesitaba una operación y su angustia radicaba en que una vez más se encontraban sin los recursos para poder atender la emergencia. Si te preguntabas en qué se habrá gastado Oribe su primer sueldo, ahora sabes la respuesta. Mi primer sueldo como futbolista lo empleé en contribuir con los gastos de esa operación. Mi verdadero pago, sin embargo, fue poder corresponder de forma simbólica a lo mucho que ellos me habían dado hasta entonces.

Siete minutos

Qué cierto es eso de que la vida es un viaje que nunca termina. Pareciera que mientras dura es un infinito andar de "logros desbloqueados". Ya que superaste un primer nivel, comienza una nueva conquista que te lleva al que sigue. Siempre hay algo que aprender.

Luego de lograr hacerme un espacio en un equipo de primera división, el siguiente reto en mi lista era debutar de manera oficial. Quizá se pensaría como un paso natural y obvio una vez que te has incorporado a un club, pero la realidad es que igual que como cuando los capitanes lo echan todo a un cara o cruz para definir quién patea primero en un encuentro, la participación de un jugador, en especial novato, también pende de un volado. No hay garantías de que jugarás, y si jugaste hoy, nada garantiza que lo harás mañana. Los motivos radican en varios factores. Lo primero y más importante son las necesidades del equipo; también influyen los rivales, la estrategia del director técnico y su equipo, las preferencias directas de éstos, y ya luego, aspectos que parecen infundados o inexplicables. Hay que admitir que hay ocasiones en que uno se queda en la banca sin poder entender por qué. Por eso la perseverancia, paciencia, disciplina y compromiso deben convertirse en compañeros constantes, pues es la única forma de estar verdaderamente listo para responder cuando tu nombre sea llamado a la cancha.

En los entrenamientos, Romano me había dado la confianza de practicar en la escuadra de los titulares; eso quería decir que realmente estaba considerado como uno de ellos y mi debut se veía cercano. Sin embargo, una lesión de tobillo en una de las prácticas retrasó mi participación en el torneo e hizo falta un par de semanas de recuperación para que fuera posible que se me tomase en cuenta, rompiendo la ilusión de ser convocado como titular para, en cambio, salir a la banca.

Corría el año 2003. Era febrero y habían pasado apenas 42 días desde que cumplí los famosos 19 cuando llamé a mi familia durante la semana previa al encuentro para prevenirlos: "A lo mejor me dan minutos". Mis papás y mis hermanos me cuentan que se mantuvieron inquietos y ansiosos a que llegara el día. El rumor se extendió al pueblo y llegado el sábado la emoción ya no era sólo mía; todos mis parientes y amistades se pegaron a su televisor con la esperanza de que, en verdad, yo, con la casaca número 61, sí saltara al campo.

Nos enfrentábamos a los azulcrema. El marcador no nos favorecía. Pavel Pardo y Cuauhtémoc Blanco fueron los autores de los dos goles que nos ponían por debajo ya entrada la recta final del partido. En respuesta, nuestro número 10 anotó manteniendo la esperanza del equipo de al menos igualar el marcador. El tiempo diluyéndose en el reloj le agregaba una dosis adicional de suspenso. Con menos de cinco minutos para el silbatazo final, yo pensaba que la posibilidad de entrar se esfumaba, pero al minuto 87 sonó por fin el ansiado "Oribe, vas a la cancha".

Entré con mucho arrojo, incluso cabe decir que desbordado. Ésa es la respuesta natural de casi todo aquel que comienza, un acto instintivo por sobresalir que te lleva por momentos a exponerte innecesariamente como yo aquella tarde que, sin riesgo de gol en contra ni posibilidad a favor, me barrí a media cancha para recuperar una bola. Pero se entiende, ¿cierto? Éste no era cualquier día. Éste era el día que tanto busqué; el día que llevaba años construyendo; el día en el que la casa de mi abuela era pura fiesta alrededor de una tele y mi familia lloraba de orgullo.

Aunque inicialmente no pensé en nada más cuando entré de cambio esa tarde, la emoción me envolvió al minuto 94 tras escuchar el silbar del árbitro decretando el final. Lo que ahí había pasado daba comienzo a mi historia; siete minutos de acción me convertían ahora sí en futbolista profesional de primera división y yo sólo podía sentir que el pecho me explotaba, que todo había valido la pena.

Goles de oro

Ya que estamos hablando de las recompensas a la perseverancia, considero preciso que hablemos de la que en el futbol resulta la más preciada: el gol.

El objetivo máximo del balompié radica en que la pelota atraviese la meta y se enfunde en la red. Los esfuerzos colectivos de un equipo se concentran en, por supuesto, evitar que la pelota entre en su portería, pero, sobre todo, en lograr anotar en la contraria. La presencia o ausencia del gol determina no sólo un marcador, sino la experiencia misma de un encuentro tanto dentro del campo como en la tribuna. *Gol* puede llegar a ser sinónimo de alegría o desilusión, de celebración o de condena, de euforia o desánimo. Hay muchas maniobras futbolísticas que emocionan, pero cuando el gol es a favor de tus colores —y esto lo entiende tanto el futbolista como el aficionado—, enciende.

Salvo por aquellas situaciones en las que cae de maneras poco convencionales, regularmente su naturaleza lo conecta con aquel que intenta anotar; es la presea para quien se atreve. De más está decir que para un delantero el gol es su razón de ser; es la expresión condensada de su identidad en el terreno de juego.

Asimismo, es apropiado admitir que *hay de goles a goles*. Su relevancia no sólo depende de la forma en la que han sido consumados, sino del momento en el que aparecen, ya que éste fija también su valía. Definitivamente, no todos se sienten igual.

Si metes un gol cuando tu equipo está perdiendo por una diferencia importante, es un sinsentido, un "ya para qué" interno que desacredita de inmediato tu acción. Por algún motivo, en estos casos se acentúan en tu mente las opciones previas generadas que no desembocaron en anotación, pues son ésas las que sí habrían representado un acercamiento o dominio en el marcador. Uno goza de hacer un gol dependiendo de las circunstancias del partido. Si, por ejemplo, el partido está empatado y entonces anotas el de la diferencia, es un gol que te sabe a gloria, especialmente si llega de último minuto.

También hay otros que no tardan en aparecer, se asoman tempraneros. De esos, en mi carrera, hay uno que guardo como consentido por su precoz estallido apenas a 28 segundos de comenzado uno de los partidos más inolvidables. Para recordarlo, será necesario que rompamos con el orden casi cronológico con el que hemos venido repasando mi historia, para ubicarnos en uno de los episodios que mayor satisfacción representa en mi vida, titulado *Oro en Juegos Olímpicos*.

Antes de llegar a Londres, lugar donde se erige la hazaña, tenemos que mover el mapa hasta Guadalajara, Jalisco, en México. Corría el 2011 y la Perla tapatía era sede de los Juegos Panamericanos, los cuales recibieron a una selección comandada por Luis Fernando Tena, cuya encomienda por supuesto era ganar el oro, así como terreno en las clasificaciones preolímpicas con miras a asegurar nuestra participación en las olimpiadas que se disputarían el año siguiente. El objetivo del oro panamericano se cumplió; la clasificación para los olímpicos también se concretó y lo más importante fue que, entre cuerpo técnico y seleccionados, se creó desde entonces un lazo de confianza, respeto y camaradería tan genuino que ya vaticinaba los alcances que podía llegar a tener el grupo, que terminó teniendo pocas variaciones una vez que se fue a conquistar el "sueño olímpico".

En mi caso, ser convocado dependía no sólo de que el profe Tena decidiera que me quería dentro, pues una vez más una lesión ponía en duda mis probabilidades. El daño ocurrió en otro de esos momentos gloriosos que me ha dado el futbol durante una final en la que después de varias derrotas consecutivas, en Santos por fin alzamos la copa frente a Monterrey. Nos convertimos en campeones del futbol mexicano del Torneo Clausura 2012. Esos momentos con el Club Santos ameritan un apartado especial que aparecerá en las próximas páginas; pero ya que venimos hablando de goles, ese balón que como bola de ping-pong llegó a mí en el minuto 64 esperando ser convertido en anotación, es por mucho uno de los que guardo más cerquita, porque además de ser chulo, fue oportuno. ¿Acaso no es ésa la máxima del gol?

Ahora sí, reincorporándonos al carril olímpico, hablaba de la lesión. Fue un desgarre del músculo sartorio; un músculo muy pequeño en la pierna, que ayuda en la flexión de cadera y rodilla, lo que me demandaba una rehabilitación concienzuda si quería aparecer en la esperada lista definitiva del Flaco, quien unos tres días posteriores a esa final y a esa contusión me marcó para tantear las aguas respecto a cuán afectado estaba físicamente, si podría recuperarme a tiempo y también para advertirme que era muy posible que me llamaran, por lo que las próximas semanas me concentré en descansar y recuperarme para estar listo para la justa olímpica.

La lista oficial se publicó. Éstos son los 18 jugadores que fuimos convocados por el director técnico Luis Fernando Tena para la olimpiada de Londres 2012:

1. José de Jesús Corona (portero)
2. Israel Jiménez (defensa)
3. Carlos Salcido (defensa)

4. Hiram Mier (defensa)
5. Darvin Chávez (defensa)
6. Héctor Herrera (centrocampista)
7. Javier Cortés (delantero)
8. Marco Fabián (centrocampista)
9. Oribe Peralta (delantero)
10. Giovani dos Santos (centrocampista)
11. Javier Aquino (centrocampista)
12. Raúl Jiménez (delantero)
13. Diego Reyes (defensa)
14. Jorge Enríquez (centrocampista)
15. Néstor Vidrio (defensa)
16. Miguel Ponce (defensa)
17. Néstor Araujo (defensa)
18. José Antonio Rodríguez (portero)

Internamente éramos un grupo unido, hambriento de trascendencia. Confiábamos en nuestras aptitudes y estábamos listos para jugarle al tú por tú a quien se nos pusiera enfrente. Por fuera, para los medios de comunicación, los críticos, los analistas e incluso hasta para un porcentaje considerable de directivos de la federación, éramos sencillamente "la selección menor" y no se esperaba mucho de nosotros. Aun así, nuestro compromiso se mantuvo firme.

Nuestra concentración en tierras europeas fue larga; prácticamente mes y medio juntos entre turnos dobles de entrenamiento, desayunos, comidas y cenas compartidas, partidos amistosos de preparación, y charlas tácticas que nos fueron encaminando a Inglaterra. Ya allí, la concentración se mantenía en los alojamientos oficiales fuertemente resguardados y vigilados, que disponían de áreas comunes equipadas con mesas de ping-pong y billar, zonas con consolas de videojuegos, múltiples puntos de hidratación y demás amenidades que definitivamente contribuyeron a que, a través de la convivencia y recreación, el equipo se uniera más; se nos veía botados de la risa entre las bromas y las retas, así como en medio de largas conversaciones. Una de las grandes ventajas de compartir periodos extendidos con tus compañeros es que los conoces más y mejor; entre plática y plática uno puede darse cuenta de las verdaderas aspiraciones de cada individuo, así como afianzar el objetivo común. En este caso, era muy claro que estábamos dispuestos a darlo todo por una visión conjunta: cambiar el "sí se puede" por el "ya se pudo".

El arranque en la competencia fue errático. El primer partido, que disputamos contra Corea del Sur, resultó un reto complejo que derivó en un empate sin chiste. Esto echó a andar a detractores y críticos, quienes intensificaban sus descalificaciones y ponían en duda la dignidad de nuestra participación. En respuesta, supimos mantener nuestro enfoque, no en esos encabezados escandalosos, sino en la guía de un cuerpo técnico ecuánime, flexible para analizar y probar alternativas siempre a favor del conjunto; un técnico y unos auxiliares que, desde antes de llegar a Londres, supieron construir un equipo primero humano que, con base en el respeto y la colaboración, entendía que si bien en la cancha peleaban 11, cada uno de los elementos restantes eran más complementarios e igual de relevantes para construir cada avance. Así que lo que vino después ante Gabón fue una victoria consumada con dos goles de Gio, que de todos modos mantuvo incrédulos a los que de por sí no confiaban en nuestros alcances. A veces sí se sentía como que estábamos solos ante este reto, y quizá precisamente por esa falta inicial de apoyo o atención es que nos empeñamos en buscar una medalla, no para demostrarle nada a nadie, sino para confirmarnos a nosotros mismos que no íbamos a ser reos de las maldiciones del pasado.

El tercer partido ante Suiza era crucial, pues necesitábamos sumar puntos y avanzar a cuartos de final. Para mí también se convirtió en un punto de quiebre, pues recibí un desconcertante llamado por parte del profe y de su auxiliar, Chava Reyes, para conversar la noche previa al encuentro después de la cena. Temí lo peor. En México, la prensa continuaba incrédula respecto a nuestras probabilidades de extender los buenos resultados y respecto a mí, particularmente, pues expresaban gran escepticismo; que si me veían muy flaco, que si había mejores refuerzos, que la lesión reciente no me iba a permitir una buena actuación, que no tenía nada que hacer allí... Sobre la marcha uno entiende que éstos son de algún modo los llamados "gajes del oficio" y, la verdad, yo nunca le he dado mucha importancia a lo que se dice de mí. Procuro

mantener el enfoque en hacer bien lo que me corresponde, con la certeza de que lo que diga alguien más sobre
mí no me define; aunque tampoco he de negar que, al
menos en aquellos momentos, esas declaraciones sí me
llevaron a cuestionarme si de pronto estaban viendo algo
que yo no, y por un instante la duda se intensificó cuando
escuché: "Queremos platicar contigo".

Tras una breve charla informal sobre cómo estaba,
cómo me sentía y cómo veía al equipo, me lanzaron otra
pregunta: "¿Por qué crees que te citamos aquí?" A lo que
respondí: "Me llamaron porque me van a sacar. Porque creo que necesitan hacer cambios para el siguiente
partido y me van a mover".

Mi respuesta se influenció en gran medida por cómo
había ocurrido mi experiencia hasta ese momento. Varias
veces en mi carrera, desde los inicios hasta ese punto,
justo cuando parecía que tenía asegurado un puesto, una
titularidad, tanto en clubes como en selección, los planes
cambiaban y no me quedaba más que readaptarme. Para
mi sorpresa, la conversación tomó otro rumbo: No —me
respondieron—. Te citamos porque creemos que eres un
elemento muy importante en el grupo y que contagias a tus
compañeros con esa garra. Cada pelota que tienes la pe-
leas y nunca te das por vencido. Y eso necesitamos que se
lo transmitas a tus compañeros, que los contagies, que los
inspires a seguir luchando a pesar de cómo esté el marcador". Fue un momento muy especial; algo muy profundo
pasó en mí, una liberación de todos los obstáculos previos.

Sentí calma y una gran certidumbre de que estaba haciendo las cosas bien. De esa plática salí todavía más convencido y pensaba: "¿Ves? Estás en el camino correcto. Aun si algunos dudan, los que importan ven tu aportación. Estás aquí porque te lo mereces". Muchas veces las personas en posiciones directivas y de poder fallan al evitar expresar a los miembros de sus equipos la relevancia de sus aportaciones; lo omiten escudándose en que es el "deber" de sus elementos mantener altos niveles de rendimiento y excelencia. Si bien es cierto que cuando asumes un compromiso aceptas la responsabilidad implícita de entregarte al cumplimiento de metas colectivas, siempre será reconfortante recibir palabras alentadoras que certifiquen la valía de tu esfuerzo. No se trata de depender de estos estímulos para mantener la motivación, pero cuando se presentan, sin duda, apalancan la confianza.

Con bríos fortalecidos, estuve más que listo para enfrentar los siguientes retos. Ante Suiza, se me bendijo con la posibilidad de marcar un gol que nos garantizó el pase a los cuartos de final, donde nos enfrentamos a Senegal en un partido cardiaco en el que inicialmente aventajábamos por dos tantos y que terminara por definirse con una victoria 4-2 a nuestro favor en tiempos extra, luego de que los senegaleses nos empataran en tiempo regular. Habíamos roto una primera gran barrera: la del famoso quinto partido que ha acechado sistemáticamente al conjunto nacional. Cada vez estábamos más cerca del cumplimiento de la promesa de regresar a nuestro país con una medalla.

La semifinal contra Japón la empezamos perdiendo con un golazo que nos sorprendió, pero al que afortunadamente supimos sobreponernos. Tuve el honor de sumarme a los nombres de Marco Fabián y Javier Cortés como los anotadores del encuentro, para sellar un marcador de 3 a 1 que nos garantizaba una medalla de plata; sin embargo, nuestras aspiraciones eran más brillantes.

Las horas siguientes fueron determinantes. Había que esperar a que esa misma noche se definiera quién sería nuestro rival en la tan soñada final programada dentro cuatro días. Mientras nos trasladábamos de regreso a la villa olímpica, escuchábamos la transmisión del encuentro. "¡Que nos toque Brasil!", de manera prácticamente unánime expresábamos todos, mientras Corea del Sur, el otro posible candidato, daba batalla. Tal como cantaba nuestro decreto, la verde-amarela resultó calificada, y al saber que nos disputaríamos contra ellos ese primer lugar sentimos que lo que se venía era una especie de cita con el destino.

No creo que sorprenda decir que, ante la mirada internacional, los brasileños eran los favoritos. Nuestros rivales representaban a una estirpe futbolera reconocida históricamente como una de las más ganadoras; en su ADN están los cromosomas de campeones desarrollados gracias a, entre otros méritos, la acumulación de cinco títulos mundiales. Los nombres de Thiago Silva, Juan, Neymar y Hulk apantallaban a la prensa global; con todo, nuestra selección nacional olímpica estaba preparada para salir a jugarle a Brasil con el mismo tamaño de confianza.

Desde ese momento y hasta la final, para mí todo pasó muy rápido. Ha sido hasta ahora que aterrizo en palabras la experiencia que he podido hacer un recuento real de cuándo pasó qué y también he podido reconectar con cómo se fue desarrollando todo. Mi memoria ha soltado algunos pormenores, aunque sin duda se ha quedado con viñetas inolvidables; una de ellas me traslada a la noche previa al partido. Contrario a lo que podría creerse, en vez de nervios o ansiedad, lo que sentí esa noche fue una apacible calma. Habría que preguntarle a mi compañero de cuarto, Miguel Ponce, si recuerda si vimos películas, escuchamos música o en qué caramba se nos fueron las horas antes del gran día, pero lo que sí sé es que mi corazón y mi mente estaban tranquilos, y pude dormir con la paz de un espíritu que intuía que estaba a punto de regocijarse como nunca.

La mañana del gran día transcurrió muy normal; despertamos, desayunamos, y como el partido estaba programado para las tres de la tarde, hora de Londres, horas después incluso hicimos otra escala en el comedor de la villa para comer. Antes de salir rumbo al estadio, todo el equipo nos reunimos en la habitación del profe Tena para tener una última charla para repasar lo que íbamos a hacer. Nuestra misión era jugarle al tú por tú a Brasil; sabíamos que les gustaba tener la pelota, por lo que quitarles el balón y hacerlos correr era crucial para meterles presión y dejarles claro que no nos íbamos a entregar tan fácil como otros equipos a los que habían enfrentado. Luego de repasar jugadas, el Flaco nos preguntó qué pretendíamos esa tarde, a lo que con fuerza coincidimos en un grito: "¡Trascender!" Con eso en mente, nos encaminamos a Wembley.

La mayoría de las personas me pregunta: "¿Qué se siente?", "¿Cómo era?", y a mí me apena responder: "No me acuerdo". Pero la verdad es que, en serio, no me acuerdo; no me acuerdo del trayecto de la villa al estadio; no me acuerdo tampoco mucho del estadio; no me acuerdo de los vestidores o de los túneles, ni de la cancha. Cuando me lo preguntan, a veces sí me dan ganas de poder haber almacenado esos detalles; como el color de las butacas, la tonalidad exacta del verde del campo, si había o no eco en ese túnel o quién iba frente a mí mientras saltábamos a la cancha. Pero no, no me acuerdo. Y no me acuerdo porque todo mi enfoque estaba en el partido, mi concentración plena se la entregué a lo que me correspondía hacer esa tarde para contribuir al objetivo de hacer historia. Lo que sí recuerdo es un sagrado estadio repleto de gente y el silbatazo inicial que nos daba a los dos equipos el banderazo de salida para salir a buscar un título que ni uno ni otro había conseguido hasta entonces.

Lo que vino a continuación sí lo recuerdo con detalle. Fui el primero en jugar la pelota, la jugué para un costado y después la jugamos hacia atrás; la bola va hacia una banda y luego se la dan a Jiménez, quien se la pasa a Diego Reyes; Diego Reyes se la pasa a Corona y Corona la despeja; entonces la pelota vuela quedando en disputa, por lo que Marco Fabián va y aprieta, yo lo tapo para que no se la pasen a los centrales; Aquino tapa a un central que pretendía pasársela a un compañero que Marco estaba cubriendo, cuando patea hacia él, Aquino bloquea a punterazo y la pelota me cae a mí. Sabía perfectamente dónde estaba parado, así que controlo la pelota, dirijo brevemente la mirada de reojo a la portería para, en una fracción de milésima, tratar de intuir qué iba a hacer el portero, y jugando con la intención contraria a su movimiento y con la pelota acomodada para tirar, giro levemente de último momento, tiro al poste más cercano y ¡GOOOOOOOOOOL! Gol en el segundo 28 del encuentro; estadísticamente el gol más rápido que hasta la fecha se ha anotado en Wembley, el gol más rápido también —hasta ese momento— anotado en olimpiadas; un gol de récord olímpico que le dediqué a Gio haciendo una señal muy famosa tal como se lo había prometido de manera juguetona luego del desgarre que sufrió en la semifinal que provocó que quedara fuera de la alineación. Un gol dichoso y madrugador que nos ponía al frente en el marcador, que me regaló instantes de la más pura euforia, pero que también, aquí entre nos, me llevó a pensar casi de manera inmediata: "Por favor, ya que se acabe". Esos goles prematuros tienden a veces a ser traicioneros, pues no sabes qué reacción puedan detonar en tu rival; aún quedaban 44 minutos y 32 segundos del primer tiempo, y todavía faltaba el segundo tiempo, así que sólo restaba concentrarse.

El resto del partido nos mantuvimos mayoritariamente dominantes. Los brasileños generaron pocas situaciones de gol, pero nada de verdadero peligro. Aquellos tiros ofensivos que pudieron llegar a representar algún riesgo no lograron generar ningún daño gracias a que Corona estuvo siempre preciso resguardando el arco. Se podría decir que teníamos controlado el encuentro, porque nosotros poseíamos la pelota provocando que ellos se replegaran mucho, además, se podía notar en su expresión que temían que les pudiéramos hacer daño. En el segundo tiempo se tornaron aún más desesperados, buscaban el empate, pero no lograban descifrar cómo abrir nuestra defensa. Su tensión y frustración subían al notar que nosotros estábamos generando mayores jugadas de peligro; por ejemplo, Marco tuvo un cabezazo en un tiro de esquina y después una pelota que de chilena pegó en el travesaño, un gol que me anularon por un fuera de lugar, y así otras, producto de nuestra insistencia.

Lo que ocurrió en el minuto 74 fue la versión mejorada de un momento que habíamos preconcebido durante los entrenamientos. Era imposible adivinar el instante exacto en el que sucedería, pero estábamos seguros de que las probabilidades de que pasara eran muy altas. Eventualmente habría una falta cerca del área que derivaría en una jugada a balón parado que podríamos aprovechar para intentar algo que ni en las prácticas salió tan perfecto como en aquella tarde. Marco, muy cerca de la línea de banda, se preparaba para cobrar el tiro libre, mientras

Jorge Enríquez, "Chatón", y yo entrábamos al área. Como todos sabíamos que era el mejor momento para intentar la jugada que tanto habíamos entrenado, ya sólo hacía falta ponernos de acuerdo sobre quién iba a hacer el bloqueo para que el otro fuera a buscar el gol. Chatón me dijo: "Cúbreme, yo la hago"; "No, déjamela a mí", le respondí. Y tal como dictan los cánones de honor en este juego, me la cedió, sabiendo que cuando un compañero se percibe así de convencido de que puede conectar, lo mejor es confiar en que así será, y así lo hizo. De ahí en adelante, todo transcurrió como coreografía en cámara lenta: Marco Fabián hace una señal con la mano para que arrancaran quienes tenían que arrancar, señal que también alertaba a los demás para que no fueran a cortar la jugada. Luego, con una patada tan puntual, que se hiciera sentir como un lance de mano, colocó el balón en el punto preciso, como suspendido ante mí, perfecto para rematar. Quedé solo en el punto penal, giré, pegué de cabeza y el balón entró a la red. Fue la clase de gol con el que un jugador sueña toda la vida. Un gol oportuno justo cuando los ojos del mundo están sobre ti. Un gol en una de las competencias deportivas más importantes del planeta. Un gol nacido de la colaboración, de la comunicación casi instintiva entre el equipo. Un gol que hizo reventar el estadio en un estruendo de alegría y que nos reunió a todos en un abrazo de celebración porque, aunque mi remate haya sido el que concretara la anotación, ese gol de oro fue de todos.

Qué más quisiera un futbolista que prolongar la sensación de extrema felicidad que nace de un gol como ése. Ese estado de ensordecimiento y de levitación que te hace sentir tan presente y al mismo tiempo tan en otra dimensión. Pero lo cierto es que mientras el cronómetro siga su curso, lo mismo hay que sobreponerse de los tropiezos que del optimismo exagerado, por lo que el enfoque absoluto en defender el resultado era decisivo en ese momento. Con 15 minutos por delante de tiempo regular, más el hasta ese entonces indefinido tiempo agregado, lo único que podíamos desear en nuestros adentros era, una vez más, que "ya que se acabe", aunque la realidad era que nuestros contrincantes, desconcertados e incrédulos por nuestro dominio, todavía intentarían sorprendernos.

Contrario a lo que hubiéramos deseado, sí hubo un par de sustos de ahí en adelante. Al minuto 76 Hulk tiene un tiro de esquina con el que Thiago Silva por poco y conecta. Al minuto 82 Pato manda un pase que queda demasiado largo para Neymar, pero que reiteraba lo empeñados que estarían hasta el cierre del encuentro. Lo demás me tocó verlo ya desde la banca, pues salí de cambio por Raúl Jiménez al 85, para vivir los minutos restantes como una espera interminable. En el 89 Hulk manda un centro desde la banda que parecía que iba a gol, pero Damião no lo logró peinar. Pero en el 90 Hulk se salió con la suya al no dejarnos ir en ceros, con un tiro de derecha que, por breves instantes, más que un gol, se sintió como una maldición chocarrera de último momento, provocando que los tres minutos restantes se hicieran los más largos de nuestra existencia, pues lo que no hicieron durante el partido lo guardaron para hacernos sudar en el final, volcados en buscar el empate a toda costa. En el minuto 3 de tiempo agregado una vez más Hulk centra con rudeza para Oscar, quien alcanza a cabecear, pero desviado, quedando así sólo segundos antes del silbatazo que cantaría la victoria más importante a nivel selección para México hasta el momento: Campeones de oro en Juegos Olímpicos.

¿Sabes qué deseo? Deseo que algún día tengas una alegría tan bonita como ésa. Deseo que sea lo que sea que elijas hacer en la vida, incluso cuando consideres que es "demasiado tarde", te regale una satisfacción tan enorme que haga que sientas que se te expande el corazón tal como mis compañeros y yo lo sentimos esa tarde. Deseo que el orgullo y la gratitud se desborden en tu cuerpo como cuando nos colocaban la medalla en el cuello mientras escuchábamos el alarido de nuestra afición. Deseo que se te llenen de lágrimas de felicidad los ojos, como cuando escuchábamos el himno de nuestro país al tiempo que se elevaba nuestra bandera tricolor anunciando nuestra victoria. Deseo que cuando tu gran triunfo se presente te rodeen los abrazos de personas que hayan sudado contigo tus batallas y sientas, como yo ese día, que todo obstáculo cobra sentido y que, con todo y lo valioso de tu logro, sepas que apenas es el primer día del resto de tu vida.

6

RESILIENCIA

Cuando no podemos cambiar una situación,
tenemos el desafío de cambiarnos a nosotros mismos.

VIKTOR FRANKL

A veces se gana, aunque la mayoría de las veces se pierde

¿Tienes un momento para hablar del fracaso? Aunque se trate de un aspecto que la gente exitosa ha preferido suprimir para construir una imagen romantizada alrededor del mérito y del triunfador, la realidad es que, aunque no se hable de ello con la misma frecuencia, el fracaso es igual de relevante que el logro en el camino a la realización individual. Para convertirte en un ganador es importante aprender a convivir con la inevitable derrota, ya que al aprender a reponerse de esos momentos bajos, tu carácter se fortalece.

Es probable que esto esté alimentado por la percepción catastrofista y generalizada sobre el fracaso. La palabra tiende a asociarse con un profundo sentimiento de desahucio, cuando en realidad no es más que un intento fallido. Si aprendes a sobreponerte podrás apoyarte en ello para conquistar tu próximo acierto. Piensa en Messi o en Cristiano Ronaldo, por ejemplo. Ambos son definitivamente de los futbolistas más triunfadores de la historia y, aun así, no lo han ganado todo. Ni toda su genialidad ha alcanzado para que la justicia divina los premie con sumar una copa del mundo a sus laureles. Eso podría considerarse un fracaso, e incluso si ellos mismos así lo percibieran, sin embargo, ni esto ni ninguno de sus más grandes tropiezos ha sido motivo para que decaigan perpetuamente en su carrera.

¿Crees que habrían acumulado más de 700 goles sin haber fallado otros tantos? En el futbol convives constantemente con la derrota. Cuando entiendes que esa misma mecánica está latente en la vida aprendes a montar las adversidades como a una ola, sabiendo que eventualmente su impulso te llevará a terreno firme.

Esto lo aprendí a base de lágrimas en una de las desilusiones más grandes de mi hasta ese entonces corta carrera *amateur*, jugando mi primer torneo para el equipo mayor de La Partida del cual era el miembro de menor edad. Habíamos tenido una gran temporada que me posicionaba como campeón de goleo y llegamos hasta la semifinal, misma que perdimos ante las más injustas condiciones.

Nuestros rivales eran reos de un centro penitenciario que, como parte de una campaña de rehabilitación y reinserción social, habían logrado incorporar a su equipo a la liga. La experiencia de por sí fue suigéneris, y más conforme avanzaron los minutos, el árbitro no marcaba ninguna de las faltas que nos cometían ni apuntaba las ocasiones que podrían habernos puesto con ventaja en la pizarra. Sentía que me reventaba la cara de coraje mientras los presos, ante cualquier jugada de peligro que realizaba, gritaban: "¡Nomás la metes y te quedas aquí adentro con nosotros! Total, ya tenemos muchos años de condena, si nos echan otros más no pasa nada". No es un secreto que jugando uno se calienta y que hasta los más profesionales recurren a la intimidación y provocación para desconcertar al rival, pero, al estar rodeado de los altos muros de una cárcel y con contrincantes con antecedentes delictivos, estas amenazas, paranoia o no, sonaban más probables. Con todo y todo, no dejé de intentar; estrellé un tiro en el travesaño que, de haber sido gol, jamás sabremos si hubiese sido anulado, como los otros dos goles legítimos que nos descontaron en el afán de favorecer al equipo del Centro de Readaptación Social.

Lo que más me sorprendió durante ese duelo fue escuchar que de pronto gritaran mi nombre: "¡Oribe!" Ya te imaginarás mi desconcierto. "¿Quién podría conocerme aquí?", pensaba. Fue hasta que terminó el partido que se resolvió la incógnita, justo cuando se me acercó una cara que se dirigía a mí con mucha confianza, pero que no me resultaba familiar.

—¿No te acuerdas de mí?

—No.

—Soy hermano de un güey que iba contigo en la escuela.

—Ah, pero estabas chiquito, ¿no?

—Sí. Nomás que ya no te volvimos a ver porque nos cambiamos y luego me agarraron y me metieron aquí.

Fue demasiado impresionante ver a alguien que conocía en ese lugar, no obstante, lo que no podía superar
era la sensación de injusticia e impotencia por un triunfo
robado.

Nada que pudiéramos hacer cambiaría el resultado;
nuestra molestia sólo contribuía a que la atmósfera se
sintiera más tensa y peligrosa, de modo que lo mejor fue
retirarnos. Antes de subirnos al coche del ingeniero Maldonado, quien nos dio aventón a mí y a otro par de compañeros, me solté a llorar. Tenía demasiado coraje, mi
ingenuidad no alcanzaba a entender el atropello. Pepe
trataba de calmarme diciéndome: "No te preocupes, es
parte del futbol, pero esto nos hace mejorar. Siempre hay
una siguiente oportunidad, no pasa nada, es parte de.
Ánimo". De todas maneras, lloré todo el camino, y lloré
todavía más fuerte cuando llegué a mi casa y me abracé a
mi papá sollozando con rabia y desconsuelo: "¡Es que no
se vale que sean así!", a lo que él respondía: "Pues es así,
tienes que aprender que a veces hay derrotas y también
injusticias y que de esto uno aprende". Y sí que aprendí.
Convivir en ese contexto me hizo valorar más el privilegio
de una vida que, aunque con carencias, la vivía en libertad
y en el camino del bien. También me hizo aprender que es
cierto que no pasa nada. Un día pierdes, y aunque te
duela hasta el alma, al otro te levantas para intentar hacerlo mejor.

No sirves para primera división

Si en ti se arraiga un deseo ambicioso, tienes que saber que, invariablemente, existirá alguien que difiera con tu visión. Incluso pueden ser varios los que no vacilarán en procurar disuadirte; algunos lo harán con intenciones dudosas, pero otros lo harán confiando en su buena voluntad, creyendo genuinamente que su opinión puede servirte de consejo. Los escucharás vociferar: "Eso es imposible" o "No pierdas tu tiempo". Quizá suenen tan convencidos que hasta te hagan dudar. No te asustes, toma la duda como la pausa necesaria para reflexionar. Existe mucho poder en cuestionarnos a nosotros mismos; es a través de las preguntas que nos planteamos que conectamos con nuestra sabiduría y somos capaces de sopesar si estamos —o si seguimos— dispuestos a, pese a los escépticos y detractores, continuar jugándonosla. Y si decides que sí, entonces el reto consistirá no en convencerlos de cambiar sus pensamientos, sino en evitar que sus palabras se conviertan en el ruido que te aparte de tu objetivo.

Si bien mi paso por Monarcas, Morelia, lo resguardo con un cariño particular, pues representó mi debut como futbolista profesional, mantener actividad regular, específicamente después de que Rubén Omar Romano fuera liberado de sus funciones de entrenador, fue complicado. No entraba en los nuevos planes del plantel, por lo que decidieron cederme en préstamo a León, que en aquel entonces era un equipo filial que se encontraba peleando su ascenso a primera división y que por reglamento debía incorporar a dos menores de 20 años a sus filas, con el objetivo aparente de darles mayor continuidad a los jóvenes. Tengo que aceptar que inicialmente me sentí un poco desanimado por el cambio; pasar de primera a la división de ascenso se sintió como "bajar un escalón", especialmente después de haber estado jugando en primera. "¿Por qué habiendo tantos me mandan a mí?", pensaba; pero fue tan sólo una de las muchas experiencias que me reiteraron que en la vida lo único certero es que nada es permanente.

En este periodo suigéneris, el sentir era un poco de no ser de aquí ni de allá. Durante varios meses me tenía que presentar entre semana a los entrenamientos en Morelia, y luego tomar carretera los días de partido para jugar con León. "Cuídate mucho, no vayan a tener un accidente", era lo que escuchaba de mi madre antes de tomar camino, hasta que León me registró, convirtiéndose en mi nueva sede. Cumplido un año con La Fiera, volvió la incertidumbre; el plazo de préstamo expiró y yo seguía sin llenarle el ojo a la directiva de Monarcas. Luis García Postigo, reconocido exfutbolista mexicano, uno de mis héroes de la infancia y que en aquel entonces fungía como director deportivo de la institución moreliana, fue tajante y reiterativo en sus observaciones: "No lo veo", "Todavía le falta mucho", "Oribe no sirve para primera división".

Como un grito que se propaga en un túnel vacío, estas palabras, cual eco incesante, amenazaban con atormentarme: "No sirves para primera división". Pude haberlo asumido como cierto y desistir; o bien, pude creer en la visión de un experto en la materia en la que yo era apenas un debutante que, irónicamente, había dedicado su vida entera a la misma. En cambio, elegí creer en mí y apoyarme en quienes también creían en mis cualidades para ser un futbolista de primera; entonces, mi apuesta fue confiar en que habría algún equipo que "sí me viera" como un elemento con la valía de profesional.

Salvador, mi representante, comenzó a tocar de nuevo las puertas de los clubes y se abrió la de Rayados de Monterrey. Cuando hubo que informar a la directiva de Monarcas sobre mi interés por ser transferido, el vicepresidente García tomó una nueva postura: "Quédate. Allá va a ser más difícil que te den chance porque está Guille Franco, Alex Fernández, y es menos probable que juegues. Te lo estoy planteando con la oportunidad de que tú elijas".

Ambas decisiones representaban un riesgo. Si la profecía de Luis resultaba cierta, en Rayados lucharía contra las figuras; y si me quedaba en Monarcas, me arriesgaba a que siguieran considerando que no estaba listo. Los dos escenarios planteaban un mismo resultado: el de no jugar. Ante el dilema, mi elección se basó en aquello que me hiciera sentir más tranquilo.

Elegí mi dignidad.

Oribe tuvo la culpa

Siempre he considerado que el paso de un futbolista por un club se asemeja mucho a unirse a una nueva familia. Una de esas familias a las que tuve el honor de pertenecer fue Rayados de Monterrey, que, como institución, es una de las que tiene bien cimentada la misión de hacer todo lo que está a su alcance para ofrecerle al jugador lo necesario para que tenga que concentrarse exclusivamente en cuidar y mejorar su rendimiento. Se ocupan de tu bienestar como pocos, por lo que no sorprende que muchos de los futbolistas que llegan a ese equipo alcancen altos niveles. En mi caso, fue una etapa que me llevó a sentirme más seguro de lo que podía llegar a lograr en este deporte, además de dejarme una gran lección de liderazgo —o de qué no hacer en una posición de líder— a través de un momento que requirió de mí una firme y veloz capacidad para reponerme.

Mi posición de *novato* exigía un riguroso esmero que me garantizara figurar más allá de un nombre y apellido en una plantilla. Con ese ímpetu, comencé a embolsarme un número nada despreciable de partidos jugados y otro tanto de goles anotados, nada insignificantes para alguien a quien se le restringía la regularidad; entre éstos, recuerdo uno de gambeta en el área donde dejé colgado a Cirilo Saucedo. Pero de esa etapa en el equipo regio hay dos goles en especial que tuvieron una repercusión importante: uno que sucedió y otro que "ya merito".

El que sucedió me llegó en un partido decisivo al que entré de cambio en los últimos minutos cuando el tablero aún marcaba cero a cero. Nos jugábamos la clasificación y poco antes de que el árbitro cantara el cierre del segundo tiempo, con un cabezazo, mandé la bola al fondo y nos pusimos adelante, asegurando nuestra calificación. Primero me sentí muy contento; poco después, muy desconcertado. No es como que me esperara fanfarrias, pero tampoco anticipé que, al llegar al vestidor, me toparía con que Miguel Herrera, nuestro director técnico, estaría tan ofuscado señalando mi actuación como un rotundo desastre, punto de vista que refrendó minutos después ante la prensa al declarar: "Oribe fue un desastre hoy, a pesar del gol, fue un desastre. No tenía que haberlo metido". No te voy a negar que todo fue muy extraño. ¿Ser recriminado por anotar? "¿No es ésa mi chamba?", pensaba. Sin embargo, mi naturaleza y formación me llevaron a ver con curiosidad y respeto su figura de autoridad; si él era la mayor representación de experiencia y conocimiento en ese momento, yo quería entender qué estaba viendo en mi desempeño que yo no, para entonces seguir mejorando.

Pero luego vino el gol que no fue. De nueva cuenta entré de cambio, esta vez era una final. El título lo peleábamos contra Pumas. Cuando entré en el segundo tiempo íbamos empatados a uno. Por ahí del minuto 16, hago una recepción de balón y con la portería frente a mí, considerando que mi visión me indicaba que al único compañero al que podía hacerle un pase estaba obstruido por un contrario, decido patear a gol, y aunque la pelota rozó la red, lo hizo sólo de costado. No fue gol. Transcurrieron los minutos, y en el treinta y tantos los Pumas de Hugo Sánchez marcaron el de la diferencia quedándose con el título.

Es un hecho que a nadie nos gusta perder. El deporte está cimentado en la competencia, se compite para ganar. No obstante, también se dice que cuando pierdes hay que saber hacerlo. Un equipo necesita saber sobreponerse a la derrota y cerrar filas para apuntar a nuevos objetivos. En momentos como éste, el comandante en jefe juega un papel crucial para sembrar confianza en el resto de la tropa, pero el nuestro, Miguel, se volcó prácticamente en mi contra.

Ante sus ojos, fui el causante de la derrota. Lo dijo con todas sus letras en un vestidor ya de por sí desmoralizado, que ante su característica personalidad explosiva se venía todavía más abajo. Con gritos y manotazos me reclamaba por qué no la pasé, por qué no corrí, para después, una vez más, reiterar ante los medios que "Oribe tuvo la culpa".

Ese Oribe de apenas 21 años, como cualquier otro futbolista cuando recibe el balón, tuvo una opción y se la jugó. Como te imaginarás, me invadió un sentimiento de injusticia al ser el recipiente de prácticamente la responsabilidad absoluta de esa derrota; sin embargo, como en cada situación compleja, opté por quedarme con el aprendizaje sabiendo que sólo me haría más sabio y fuerte.

Aunque en ese entonces Herrera me "castigó" limitando cada vez más mis intervenciones en el equipo hasta que tuve que buscar nuevos horizontes, en el futuro el futbol nos puso en el mismo camino, regalándome una simbólica revancha.

Guerrero

Para quienes adoramos el futbol, ir por primera vez al estadio es una especie de ritual de iniciación. Pasar de ver los partidos por televisión a experimentar con tus cinco sentidos todo lo que ocurre mientras 22 jugadores se disputan la pelota a escasos metros de distancia de ti, marca un definitivo antes y después. En mí, esa primera experiencia sembró un nuevo nivel de comunión con el deporte y también con el equipo de mis amores: Santos.

Siempre le fui a Santos. No estoy seguro si todo comenzó como una herencia de mi padre, una tradición que adopté de mi tierra lagunera, si fue porque siempre me gustó el color verde, o todas las anteriores; lo que sí sé es que esa primera vez en su estadio me clavó el deseo de verme alzando una copa vistiendo sus colores.

Fui con mis tíos, los hermanos de mi mamá. A ellos les gustaba ir con frecuencia y esa vez me les pegué para un partido contra el visitante, Atlante. Hacía un calorón, de esos típicos del norte. Por lo mismo del calor, te permitían entrar con agua, pero mis tíos más vivos metían al fondo de los termos bolsitas con alcohol a las que podían acceder después de que nos termináramos el agua. Esto hacía para ellos más entretenida la ocasión. También me acuerdo de que tenías que llevar tu cojincito para que fuera más cómoda la experiencia, porque las gradas eran duras, de cemento. Además, debías ponerte abusado para agarrar buen lugar, ya que los que religiosamente acudían a cada encuentro se apoderaban de gran parte de los espacios apartando algunos para sus conocidos. Esa tarde vi jugar a Jorge Campos, y de los nuestros siempre recordaré a Marco Antonio "el Zurdo" Flores Barrera, por los dos golazos que se aventó. Fue un día inolvidable. De ahí salí más enamorado del equipo y convencido de buscar la manera de unirme a sus filas. No contaba con que durante mucho tiempo se convertiría en un romance no correspondido, de esos que te hacen cachitos el corazón con su rechazo tras rechazo.

Con frecuencia el plantel lanzaba convocatorias para visorías de menores: "Ven y pruébate", decían los anuncios; y con toda la emoción, yo iba. Pero la verdad es que ni me volteaban a ver. La primera vez me despidieron con el clásico: "Nosotros te llamamos"; la segunda me agarraron de portero y de defensa para probar a otros candidatos a delanteros; en la tercera, que fue cuando tenía como 15 años, sólo me dieron las gracias. No lo niego, fue desalentador. A esa edad, frente al rechazo uno se pregunta: "¿Qué hay de malo conmigo?" Con todo, la ilusión de que me llegara el día se mantuvo siempre encendida.

Y sí, sucedió. En 2006, ya con un caminito andado como futbolista profesional, el equipo al que le fui fiel desde la infancia me contrató. Si no percibes mucha emoción en mi relato es debido a que, contrario a como lo había visualizado, terminó siendo una etapa repleta de altibajos. Fue uno de los momentos que había esperado desde siempre, por lo que mis expectativas eran altas: aspiraba a hacer campeón al club. Pero lo cierto es que pasé prácticamente dos años en la banca, con pocas oportunidades de ser titular. Además, esa época coincide con el regreso a la escuadra de Matías Vuoso, quien ya tenía una historia con la institución, y con la llegada de Christian Benítez, ambos elección primaria para el equipo técnico, lo cual me convertía por *default* en alternativa secundaria. A pesar de ello, me tocó celebrar el título alcanzado durante el Torneo Clausura 2008; un campeonato que me resultó agridulce, pues habría preferido tener participación más activa.

Fue un periodo bastante frustrante. Mi mánager tratando de interceder por que me dieran más minutos o por que me permitieran moverme a otro equipo. Llegó a recibir por respuesta que si me necesitaban era para ejercer presión en Vuoso y que por eso no me soltaban. Para cuando accedieron a cederme en préstamo, se habló inicialmente de opciones de la división de ascenso. Con tal de jugar, estaba dispuesto a irme a donde fuera, aunque fui sabio al escuchar a mi representante y confiar en que él abogaría por conectarme con una mejor posibilidad, que terminó siendo Jaguares de Chiapas.

Jaguares fue el primer equipo que me permitió sostener la regularidad. Mucho tuvo que ver el entrenador, Miguel Brindisi, quien depositó su confianza en mí dándome la titularidad que tanto había venido buscando. Nuevamente un director técnico argentino —tal como ocurrió con mi primera oportunidad en primera división en Monarcas con Romano— me daba el empujón que, como futbolista mexicano, de pronto resulta complejo conectar en una liga que apuesta tanto por el talento de otros países.

Me mantuve en Chiapas un año. Definiría ese periodo como uno de consolidación; pude capitalizar más de 30 partidos en activo con una cantidad bastante competitiva de goles. La situación de la institución era inestable, había conflictos con nóminas y contratos para algunos jugadores, entre otras situaciones. Con todo, era una plaza más tranquila, con menos presiones y demandas, factor que considero que contribuyó a que yo tuviera la libertad de moverme con más confianza, de brillar.

Cumplido el plazo del préstamo, Santos reclamó mi regreso. Con todo y lo que el club representaba para mí en ese momento, sí me la pensé un poco. Estaba ciscado, temía interrumpir el buen ritmo que estaba alcanzando si al regresar me volvían a relegar a la banca. Aunque otra parte de mí, sin duda, anhelaba la revancha.

"¡Ya ves, te lo dije! Para qué te regresaste", le escuché decir a mi papá los primeros partidos de la liguilla que marcaban mi regreso a Torreón, en los que, en efecto, me mandaron a la banca. Resultó algo inquietante, pero yo ya había decidido que este nuevo capítulo me depararía una mejor fortuna.

Esa segunda etapa, de 2010 a 2014, portando la camiseta del equipo de mi corazón, sí fue mucho más como la había imaginado. Los números me favorecieron notablemente; la titularidad mayoritaria me otorgó el espacio para completar mis primeros 100 goles y 300 partidos en primera división. Por ejemplo, anoté de chilena el gol 1000 para el club. No obstante, me resulta innecesario citar estadísticas y me basta con compartirte que lo gocé demasiado. Ahora que, si se tratara de hablar de mi momento favorito, habría que remontarnos primero a otro recuerdo de mi infancia.

Era 1996 y el Santos Laguna se disputaba la final del torneo de invierno frente al Necaxa. Como de costumbre, veía el partido por televisión con mi papá, cuando al minuto 82 mis ojos atestiguaron uno de esos goles inolvidables para la afición santista y que para mí fue como la semilla que germinó el deseo de algún día hacer campeones a los verdiblancos: un gol de cabeza de Jared Borgetti que definiría el marcador 4 a 2 coronando por primera vez a Santos. Mientras veía esa tribuna atiborrada que se desbarataba a gritos y en llantos de alegría, yo pensaba: "Algún día voy a ser como él, algún día voy a meter un gol en una final para Santos". El universo me respondió.

En 2012 se cumplió el sueño. Tuve la bendición de anotar un gol en el partido de vuelta (ese de ping-pong que te contaba en el capítulo anterior), en la final del torneo clausura ante Monterrey, junto a una escuadra unida y siempre echada pa'lante, para sumar la cuarta estrella al escudo del equipo emblema de mi tierra y de mi gente.

Mucho antes de unirme a sus filas yo me identifiqué con Santos por lo que representaba y por su filosofía aguerrida que ha reflejado la identidad de las personas de La Laguna. ¿Me dolió su inicial rechazo? Ni lo dudes. ¿Aprendí algo con su desdén? Por supuesto. Aprendí que en mí residía la fuerza para reponerme a los golpes más duros, así como la capacidad para transmutar la frustración en impulso. A base de continuos retos y tropezones, desde ese primer "no", Santos me hizo conectar con mi verdadero espíritu guerrero.

7
AMOR

El amor es aquello con lo que nacimos.
El miedo lo hemos aprendido aquí.

MARIANNE WILLIAMSON

Más allá de la camiseta

El deporte tiene la facultad de generar emociones muy poderosas, y el futbol, ni se diga. Alrededor del mundo los aficionados al balompié son identificados como los más apasionados, dispuestos a veces hasta a rebasar los límites de su cordura, escudados en el "amor a la camiseta". A quienes nos disputamos la bola en la cancha esa misma expresión nos llama a sudar hasta la última gota por un escudo; un emblema que une a un equipo con una tribuna.

El romanticismo con el que nos apasionamos por unos colores a veces nos ciega ante la realidad de que esa compenetración se nutre por valores con los que nos identificamos. No es la camiseta *per se*, es lo que representa; y en el caso del futbol, el origen de todas las camisetas es el amor por el juego.

Lo traigo a colación porque es fácil que se nos olvide. En las butacas se generan revueltas a muerte entre hinchas en defensa de un pedazo de tela; en los vestidores surgen inseguridades o rivalidades entre jugadores, todo por defender quién resalta más con ese mismo trozo de tela. Los momentos de mayor crisis de los futbolistas vienen del afán por la camiseta y de esa desconexión con el motivo primordial que los llevó a elegir esta profesión: el amor por el futbol.

Cuando te encuentres en una de esas crisis, en las que el desgano y la desmotivación se apoderen de ti, o cuando la discordia enturbie tu entorno y te haga dudar o desviarte de tu ruta, vuelve al amor. Recuerda la razón esencial por la cual elegiste tu camino. Recuerda que se trata de hacer lo que amas, pero también de ponerle amor a todo lo que haces. Si un día descubres que la camiseta que creíste que ibas a portar toda la vida —llámese una profesión, una identidad, un puesto en una empresa, etcétera— te queda chica, cámbiatela. Sea cual sea la camiseta que elijas portar dependiendo la etapa de tu vida, imprímele una dosis de amor.

Somos mucho más que el uniforme que portamos. Si te enfocas únicamente en el dinero, el estatus, la atención o la posición que un título o una labor te aportan, te estarás apartando de la verdadera realización. Concéntrate en hacerlo *con* y *por* amor. De esta manera, tu misión será cumplida.

El equipo más sólido

Cuando estás en sintonía con la energía del amor, éste tiene el poder de sorprenderte de las maneras más simples. Te deslumbra con atardeceres de fuego como los de mi natal Coahuila, lo mismo que te hace sonreír con canciones que parecen mandadas a hacer a tu medida. Por supuesto, a veces, tiene apariciones más mágicas e inesperadas, como la que estoy a punto de contarte.

Volvamos a mi etapa como refuerzo en préstamo al club León, cuestión que, como bien recordarás, asumí a regañadientes, pues fue una imposición que sentía que me hacía retroceder en categoría futbolística, ya que me llevaba de estar en primera división con Monarcas a militar en la primera división A, con La Fiera, quienes apenas se jugaban su ascenso. En esa frontera entre la adolescencia y la madurez, todo en mi vida giraba en torno al futbol, aunque pronto se sumarían nuevos motivos.

En una de esas tardes en León, Guanajuato, salí de paseo a un centro comercial con uno de mis compañeros para, sin imaginarlo, toparme con el amor que no había conocido hasta ese momento: el amor romántico. Su nombre era Mónica, y si bien no fue un amor a primera vista, fue un amor que comenzó a florecer a partir de ese y varios encuentros. Inició con un intercambio de mensajes de texto en los clásicos y básicos teléfonos celulares de aquella época, que se tradujeron después en salidas en las que ambos pudimos conocer más de nuestra esencia hasta enamorarnos muy, muy intensamente.

Ese vínculo tan genuino se convirtió en una nueva motivación para mí, aportándole un nuevo sentido a mi tránsito por el equipo guanajuatense. Me sentía en las nubes. Lo que ahí nació fue una conexión muy sincera entre ella, una chica de ciudad, y yo, el muchacho de rancho al que le abrió su corazón. Me vio como realmente era y no como el talento promesa que, está de sobra decir, lo único que tenía asegurado era un ímpetu incesante, que sólo se acrecentó con la profundidad de ese sentimiento. En mi memoria todavía puedo vernos, todos niños, haciendo vaquita para irnos a comer unas hamburguesas o meternos al cine.

En plena ilusión del romance juvenil, tal como había ocurrido hasta entonces con cada uno de mis anhelos, la viabilidad de ese amor se puso a prueba. Transcurridos cinco o seis meses de noviazgo, mi periodo de préstamo en León terminó. Mi siguiente parada en el camino era Rayados de Monterrey, y mi corazón acongojado se lamentaba por tener que soltar la mano de la que sabía que era la mujer de su vida, para continuar en la conquista de su más grande sueño.

Fui a casa de Mónica para despedirme. Entre sollozos de uno y del otro, intercambiábamos ideas sobre cómo hacer funcionar nuestra relación a distancia: "Podemos hablar todos los días", "Tú vas o yo vengo a visitarte". Ni ella ni yo estábamos listos ni dispuestos para soltarnos, porque ese amor era real y los dos lo sabíamos.

"Préstame una hoja y una pluma", le dije. Se las pedí para escribirle una carta, para ver si así podía encontrar mejor las palabras que le dejaran claro lo importante que era para mí; para ver si podía hacerle sentir que quería tenerla para siempre a mi lado. "Te prometo que voy a regresar para llevarte conmigo...", escribí para sellar nuestro pacto.

Hoy, después de todos estos años con sus respectivas pruebas, Mónica sigue a mi lado. Quizá suene paradójico, pero juntos hemos descubierto nuestras mejores partes como individuos y juntos también es como hemos aprendido a trabajar en nuestros errores. Ella me aterriza, me impulsa y me ha enseñado a arriesgarme, a subir mis estándares, alentándome a hacer cosas importantes; es esa persona que siempre me va a hablar con la verdad, aunque sea una de esas verdades que incomoden. A su lado he construido el equipo más sólido, aquel que me respalda lo mismo en el campo que fuera de él, donde está claro que se disputan los partidos más bravos. Mónica es uno de mis grandes pilares; ella es esa bella mujer que con su amor me sostiene.

24

Gran cantidad de futbolistas tienden a darle mucha importancia al número que portan en la espalda. No me extraña. Antes de llegar a las canchas profesionales todos fantaseamos con ser recordados; por ejemplo, Maradona y Pelé inmortalizaron la numerología de la genialidad. Esta insignia contribuye a construir una memoria en las personas, y en la posición del deportista lo conduce a convertirse en un cuasitalismán.

Durante mi carrera porté varios. Con la selección nacional las primeras veces jugué con el 18, pero en una convocatoria Andrés Guardado lo usó, así que me dieron el 19; y como me fue bien y metí goles, lo tomé como definitivo. Cuando debuté en Monarcas los jugadores de categorías menores y de reserva no podían vestir números por debajo del 50, por lo que me tocó el 61. Si intentamos reducirlo, diríamos que 6 + 1 = 7; como dicta la numerología, el siete es un número trascendental, entonces podríamos afirmar que, en efecto, cumplió el propósito de marcar un punto de inflexión para mí. Luego, cuando me fui a León, me asignaron el 23, lo cual me dio buena espina dado que en La Partida era mi número de cajón, así que, en un tiempo de cambios, fue bueno conectar con un elemento que ya antes me había proporcionado audacia y maestría junto al balón. Pero cuando llegué a Rayados el 23 estaba ocupado, por lo que terminé eligiendo el más cercano, el 24, aunque pronto tuve que soltarlo.

En mi primera estancia en Santos el 24 lo portaba un amigo, un portero con quien había coincidido durante nuestro paso como seleccionados sub-17. Intenté convencerlo de que me lo cediera, pero no aceptó, así que volví al 23, mi viejo cómplice. Luego vino Jaguares de Chiapas, y para cuando me preguntaron: "¿Qué número quieres?", estaba listo para elegir una combinación que me resultara verdaderamente significativa.

Fuera del futbol, el número que más presente ha estado en mi vida es el 12. Te daré unas pequeñas muestras:

nací un día 12, la conquista del oro olímpico sucedió en 2012, y como ésas, varias más. Aunque no lo considere mi número favorito, sí ha sido el más recurrente, además, alcanzó la categoría de especial cuando un día 12 nació el alma que le dio todo un nuevo significado a mi vida, mi hijo Diego.

Diego fue una sorpresa completamente inesperada. Habré visitado apenas un par de veces a Mónica luego de marcharme a Monterrey, y pocas semanas después de la última ocasión ella me dio la noticia de que estaba embarazada. Para ambos la novedad fue un sobresalto. Toda la situación era compleja; para empezar, apenas estábamos dejando de ser unos adolescentes, nos encontrábamos lejos el uno del otro, y yo, aunque avanzando, sentía que no tenía nada tangible que ofrecerles. Todavía éramos muy jóvenes, al grado de que una de nuestras más grandes preocupaciones era enfrentarnos a nuestros padres para darles la noticia. Nuestra educación tradicional sugería que primero te casas y luego te embarazas. Nosotros hicimos todo al revés.

Tal como anticipábamos, nuestras familias, más que emocionadas con el anuncio, reaccionaron preocupadas por nuestro porvenir y el del bebé; sin embargo, nos apoyaron. No voy a negar que nosotros también estábamos asustados; quizá Mónica un poco más que yo, y con justa razón, ¿quién no se sentiría insegura en medio de una de las transformaciones más grandes y pendiendo únicamente de una promesa? "Te prometo que sí nos vamos a casar, sólo dame un tiempo para poder ofrecerte más estabilidad." Debí habérselo dicho con palabras más torpes, seguramente, pero eso sí, con un compromiso muy real.

Acordamos que pasaría el embarazo en León, junto a su familia. Ésta fue una elección más por necesidad que por deseo, ya que mis posibilidades financieras todavía no me permitían tener un espacio para nosotros solos; en ese entonces vivía en un departamento que disponía el club, donde también habitaban varios compañeros del equipo, incluido mi hermano Obed, quien buscaba hacerse de un lugar en el futbol profesional y estaba fichado en las reservas. Todo ese periodo fue muy contrastante. Por una parte, estaba la ilusión de convertirme en padre y la satisfacción de comenzar a construir una carrera. Por otra, la enorme presión de no fallar ni como futbolista ni como novio ni como hombre frente a una Mónica desconsolada del otro lado de la línea casi cada vez que hablábamos, y que, además, se sentía abandonada, incierta y dolida. "Te mando dinero. Ve guardando para el parto y lo que necesiten tú y el bebé", le decía yo, como si eso pudiera cubrir la necesidad de cercanía que le hacía falta.

Para mí todo era como un partido en el que no cabía margen de error. Estaba jugándomela de todas, todas, porque ya no se trataba sólo de mí, ahora estaban mi hijo y su madre. Este sentimiento de "todo o nada" me llevó a tomar una de las decisiones con más peso en mi vida. Me inclino por la palabra "peso" porque a largo plazo supuso una carga en mi conciencia que me ha costado soltar y que podría describir como el único verdadero arrepentimiento que conservo por algo que haya elegido hacer, o en este caso, no hacer. No estuve presente el día que Diego nació.

El miedo a comprometer mi situación profesional y a poner en riesgo mi lugar en Rayados, aunado a la frágil relación que sentía tener con el técnico, me inmovilizaron. No tuve el valor para compartir con la directiva mi situación y solicitar un permiso para poder trasladarme a León ese 12 de abril para acompañar a Mónica en su cesárea y recibir a mi hijo, mi infinito orgullo. Entre la inmadurez, más el instinto de supervivencia que me llevó a defender lo mucho-poco que tenía en ese momento para asegurarnos un mejor porvenir, tomé una decisión que marcó una herida muy temprana en nuestra incipiente familia.

Tengo que reconocer que en aquel entonces y durante mucho tiempo fui un obstinado que puso en primer lugar el futbol. La madurez y la experiencia poco a poco me llevaron a aprender que hay cosas más valiosas que un trabajo, aunque éste te apasione hasta el tuétano. Lo que sí puedo asegurar es que, aunque mi ausencia en el evento iniciático de mi estirpe pudiese percibirse como fría o egoísta, mi móvil en realidad fue el más puro amor.

Cuando mi nueva familia y yo llegamos a Chiapas y en Jaguares me dieron la libertad de elegir el número con el que quería comenzar a escribir un nuevo capítulo, uní mi 12 al 12 de Diego para sumar 24, sabiendo que, aunque no pudiera verme la espalda, con sólo dirigir la mirada a mi *short* tendría el recordatorio más poderoso para entregarme con más fuerza y determinación que nunca, porque ahora yo era un yo al cuadrado.

Un árbol con raíces muy profundas y frutos muy dulces

Hace un tiempo alguien me invitó a hacer un ejercicio que ahora yo te propongo intentar. Me dijo: "Cierra los ojos, respira profundo, conecta con el latido de tu corazón y dime: ¿qué viene a tu mente si te menciono la palabra *familia*?" Me comentan que hasta la expresión del rostro me cambió, volviéndose más suave y pacífica, al tiempo que se formaba esa imagen en mí. Con los ojos aún cerrados, una voz leve y una sonrisa, compartí lo que veía: "Un árbol con raíces muy profundas y frutos muy dulces".

Esas raíces eran mis padres, mi esposa, mis hermanos, mi abuela; las personas que me han sostenido y arraigado cuando las tempestades sacuden el follaje. Son los tíos, los primos y hasta los amigos que me han brindado palabras cariñosas de aliento para mantenerme estable.

Mis hijos, los frutos. Diego, el mayor, con su magnífica sensibilidad y benevolencia; Lía, nuestra niña, tan valiente y arriesgada; y Jero, el menor, que llegó para complementarnos con su alegría y autenticidad, además de llevarse puntos extra por ser el único de los tres que se ríe de mis chistes. Ellos, junto con mi esposa, Mónica, han estado conmigo en todo momento; adaptándose a cada cambio de ciudad, siendo pacientes con mi ausencia por cada concentración previa a partidos o competiciones, y resistiendo los malos comentarios o las críticas. Los cuatro guían mis elecciones, pues su bienestar es mi plenitud.

Mi corazón agradece el amor que cada uno me ha dado y me sigue dando día a día. En la familia encuentro la fortaleza que me mantiene de pie; mi familia es la fuerza que me impulsa hacia delante, la razón más poderosa que me recuerda *ser mi mejor yo*.

8
HUMILDAD

Nadie está tan vacío como aquellos
que están llenos de sí mismos.

BENJAMIN WHICHCOTE

Héroe nacional

Hay cosas que ocurren en un instante, sin embargo, sus repercusiones duran para siempre.

Las primeras horas posteriores a la consecución del oro olímpico, contrario a lo que pudiera imaginar la mayoría de la gente, fueron bastante normales. Con normales me refiero a que, recién terminada la ceremonia de premiación, pasamos de inmediato de la emotividad y euforia a la seriedad plena, pues como parte de los protocolos de la competencia dos representantes de los equipos que disputaron la final tenían que someterse a una prueba antidopaje. Así que ahí nos tienes en un cuartito a Marco Fabián y a mí, junto a Neymar y otro de los suyos —a quien no alcanzo a recordar—, brindando muestras que aseguraran a las autoridades del evento que no habíamos utilizado ningún tipo de sustancia prohibida que pudiera, de manera ilegal, haber mejorado nuestro rendimiento físico o mental. Sólo para acotar: todos salimos limpios.

Terminado el procedimiento antidopaje, nos subimos al autobús, donde ya nos esperaba el resto del equipo para partir hacia la villa olímpica; una vez ahí, nos dieron la oportunidad de salir a un centro comercial que estaba

129

a un lado para reunirnos con nuestras familias. Yo pasé un rato con Mónica y una prima suya, y después regresé a la villa para descansar, pues al día siguiente me esperaba un vuelo de Londres a la Ciudad de México, donde se me informó que debía cumplir con algunos compromisos con los medios de comunicación. El ánimo de celebración se convirtió más bien en un acompañante interno, lejos de una fiesta que, estoy seguro, a todos nos habría encantado organizar.

Apenas pisamos México, entonces sí, todo empezó a tornarse extraordinario. Se sentía un clima de festividad generalizado, muestras de cariño en aeropuertos, portadas de periódicos que mostraban los festejos de la afición en el Ángel de la Independencia, reconocimiento y atención a cada paso. Fue muy sorprendente escuchar los múltiples relatos de cómo las personas experimentaron ese partido que calificaban de histórico e inolvidable; que si lo vieron a escondidas en la oficina, o que se reunieron con amigos y familiares para desayunar, para luego tomarse el resto del día libre. En cada una de sus historias veía reflejada la de mi propia familia; algunos eran como mi hermano Obed, que veía los partidos en el trabajo en el celular con acceso a televisión que le regalé antes de irme; otros como mis papás, mis tíos, mis primos, todos reunidos en una casa frente al televisor, apoyándonos y emocionándose hasta las lágrimas.

El nivel de atención que estábamos recibiendo iba escalando y alcanzando dimensiones que no había previsto. En un partido Santos versus Pachuca los Tuzos tuvieron el amabilísimo gesto de colocar una manta en mi honor, con todo y que yo militaba en el equipo contrario. En Torreón me acreditaron como "ciudadano distinguido", además de instituir un reconocimiento al mérito olímpico que lleva mi nombre, mismo que desde aquel día se otorga a mujeres y a hombres torreonenses que destaquen tanto en olímpicos, panamericanos o centroamericanos. Las satisfacciones continuaron. Ese triunfo derivó en una invitación a la residencia oficial de Los Pinos, donde el entonces presidente de México, Felipe Calderón Hinojosa, además de felicitar a todo el equipo por el triunfo en el Torneo Clausura 2012, pronunció unas palabras en las que me calificaba como "héroe nacional", resaltando lo mucho que había disfrutado aquellos dos goles contra Brasil que, en sus propias palabras, "a todos [los mexicanos] nos llenaron de orgullo".

Estaban pasando muchas cosas y muy rápido. Hasta cierto punto, era parte del sueño que se reconociera mi nivel futbolístico, cosechar éxitos nacionales e internacionales, poder conectar con la afición de mi amado país. Éste era un parteaguas, "de aquí para arriba", dirían los que saben. Aunque el flujo fue en ascenso, en el camino tuve que aprender varias cosas sobre cómo mantener aterrizado mi carácter.

Las mieles de la fama

Fama y éxito no son lo mismo, así como tampoco son lo mismo para todo el mundo. Pueden llegar de la mano, pero no se hacen uno al otro. Hoy, para mí, éxito es la paz que llevo en mi interior, que nace de vivir en congruencia con mis valores e ideales, para poder compartirla con quienes amo. La fama surge afuera, pues es alimentada por la atención de quienes te observan y, de acuerdo con lo que ven, opinan y sentencian si gozas de buena o mala fama. Si eres afortunado, esa fama podrá construirse por algo en verdad valioso, aunque eso no garantiza que se tratará de una experiencia siempre agradable.

Personalmente, en ese momento en el que de manera tan acelerada comencé a recibir tanta atención, tuve momentos en los que no supe cómo manejarla. De pronto me sentía incómodo con las —demasiadas— muestras de afecto de la gente o las peticiones de fotos o autógrafos. Por un lado, por supuesto que era agradable ser identificado en la calle o vitoreado en el estadio; era agradable poder llegar a un lugar público y recibir cortesías, amabilidad. Pero, por el otro, a veces me sentía acosado y demasiado expuesto. Era una mezcla entre esa magnitud de atención que se sentía como algo muy nuevo, y una bizarra molestia que me llevaba a decir: "Pero ¿por qué me tratan así? Si no soy más que nadie". Con honestidad he de admitir que, hipócritamente, una parte de mí comenzaba a asumir esa idea de que en verdad era invencible. El ego tiene mecanismos interesantes para convencernos de nuestra superioridad. Puede exagerar la percepción que tenemos de los alcances de nuestras habilidades y talentos, o bien, puede engañarnos con una falsa humildad que parece ponerte por debajo de otros o que niega tu impacto, por lo que consideras que tu calidad moral es mayor. En esos tiempos tuve algunos lapsus en los que oscilaba entre ambas, y pues ni una ni otra. Mirando esa etapa con los ojos de hoy, alcanzo a entender que esas actitudes, muy lejos de engrandecerme, eran amenazantes debilidades.

Dentro de las mieles de esta nueva visibilidad, la más dulce fue el efecto que tuvo en mi carrera. Entre una titularidad indiscutible en clubes y una participación constante como seleccionado nacional, mi confianza personal se fortaleció enormemente, así como mi nivel futbolístico. "El Cepillo" se convirtió en "el Hermoso" mientras iba acumulando goles. El camino rumbo al mundial Brasil 2014 resultó prodigioso para mí, a pesar de que como selección nacional enfrentamos uno de los procesos clasificatorios más atropellados. En mis siete apariciones durante los partidos eliminatorios y de repechaje, anoté ocho veces y, antes de llegar a la Copa del Mundo, la Concacaf me reconoció como jugador del año. Ya en Brasil, cumplí mi sueño de anotar en un mundial. De todos mis goles, incluso los más queridos, ese gol que pude culminar ante Camerún será siempre el más memorable, porque, aunque fue solo uno, representa la coronación del anhelo que alimenté toda una vida. Un zurdazo de contrarremate en los primeros minutos del segundo tiempo, el cual me permitió consumar una gran jugada que inició con Héctor Herrera, quien luego quitarse a un jugador a media cancha, filtra el balón al centro de manera súper precisa hacia Giovanni dos Santos, que hace un disparo a gol que termina por rechazar el portero; un contrarremate oportuno, suave pero veloz que mandé al fondo de la red cuando el balón me cayó de rebote. Después, llegaría el estallido eufórico de un estadio atiborrado de mexicanos haciendo su propio papel en las tribunas, transformando un país ajeno en una extensión del nuestro con su picardía festiva antes, durante y después de cada encuentro. Detrás de ese gol estaban los retos, los días de hambre, las dificultades, las lágrimas, el sudor, la esperanza… Todo cobró un nuevo sentido dentro de esa cancha, durante ese apretado partido con una lluvia a tope. "¡Oribe Peralta! ¡Oribe Peralta!", el cántico que nunca olvidaré, al ritmo de la melodía de rock que el futbol adoptó de manera permanente para celebrar, y que en ese momento silenció el grito de algunos que minutos antes vociferaban: "¡Ya sáquenlo, no trae nada!"

Claro está que tanto a mí como al resto del seleccionado nacional, dirigido entonces por Miguel Herrera, nos habría encantado generar mejores resultados, pero desafortunadamente nuestra racha positiva de dos victorias contra Camerún y Croacia más un empate a ceros contra Brasil se rompió en el partido de octavos de final con una derrota digna de la llamada "maldición del quinto partido" ante Países Bajos, con un tiro en contra por el máximo castigo, que definiría el marcador 2 a 1 en el minuto 94. Sirva esta oportunidad para manifestar a mi nombre y el de todos mis compañeros que *no era penal*. Mi hermano Miguel Ángel dice que debo de tener un gran séquito de guardianes que en planos intangibles han intercedido por mí para concederme la fortuna de estar presente en partidos trascendentales, y aunque nos reímos y bromeamos con ello, la verdad es que tiene razón, junto con el resto de los seleccionados de aquella justa mundialista, tengo el privilegio de guardar memorias como la de haber enfrentado al equipo del país anfitrión, al cual le sobrevivimos sin anotación en contra gracias a la brillante actuación de Paco Memo, así como el haber atestiguado esa "polémica" jugada del penal que no era, que sea lo que sea, jamás vamos a olvidar.

Con todo y el trago amargo de la eliminación, Brasil 2014 fue un nuevo parteaguas. La FIFA me consideró dentro de los 15 mejores delanteros de la copa mundial, en una lista encabezada por Karim Benzema, seguido del mismísimo también primer actor Arjen Robben. Eso de primer actor no te lo creas, es sólo un chascarrillo para desahogar el dolor por ese fatídico penalti que protagonizó, convirtiéndola en una de las jugadas más polémicas en la historia de los mundiales. En ese *ranking* también figurarían Neymar, Müller y Messi; sin duda, me sentí muy honrado al ser contemplado.

Con otro objetivo cumplido como profesional y como soñador, volví a México para extender la buena racha, ya que mi amigo el 2014 me reservaba un cierre de año de lujo; en lo personal, el nacimiento de mi tercer hijo, Jerónimo; en mi carrera, un tercer título en mi haber, enmarcado por los colores azulcrema de mi nuevo equipo, las Águilas del América.

Ódiame más

Si en la quiniela de mi existencia se hubiera pronosticado que el hecho de compartir el nombre con un exjugador americanista aumentaba mis probabilidades de algún día unirme a las filas del club, ni yo lo habría apostado. Que haya sucedido es producto de una de esas curiosidades fascinantes que, al menos, me divierten.

La realidad es que la oferta me llegó de manera inesperada. Estaba tan contento en Santos que mi radar no buscaba ninguna otra alternativa; sin embargo, en alguna conversación con Alejandro Irarragori, dirigente del equipo de La Laguna, se dejó abierta la posibilidad de que, si acaso se presentaba alguna propuesta interesante para mi crecimiento, ellos me apoyarían, y ése fue el caso. América se acercó con un ofrecimiento importante, un contrato más largo y próspero de lo que había gozado hasta el momento.

Particularmente, no necesité mucho tiempo para analizarlo, pues los motivos me resultaban muy convincentes. Tanto mi representante como yo considerábamos que estar en uno de los clubes más importantes de Latinoamérica significaba una grandiosa oportunidad para continuar evolucionando deportivamente. Aun así, antes de hacer oficial la noticia, lo consulté con mi padre. De inicio no se mostró muy entusiasmado con la idea: "No me gustaría, hijo, porque muchos jugadores que vienen de buen nivel llegan al América y se apagan". Agradecí como siempre su sinceridad y me pasé el resto de la plática procurando contagiarle mi confianza y entusiasmo; no tenía por qué ser así para mí. De hecho, no iba a ser así, yo estaba decidido a hacer de éste un gran capítulo. Luego de hablarlo con él, lo comenté con mi esposa. Al comienzo, tal como a mi papá, la sacudió un poco la idea. Digamos que no era muy partidaria de la filosofía del americanista y siempre me había dicho: "Es que muchos de los jugadores que llegan ahí se echan a perder", refiriéndose más que nada a las crisis de carácter que recordaba. Como familia, también implicaba un gran cambio. Recién habíamos construido nuestra casa en Torreón, Mónica estaba embarazada por tercera vez y yo estaba por irme al mundial de Brasil, así que era lógico que pensar en una mudanza y en un nuevo proceso de adaptación fuese un poco intimidante, sin embargo, como siempre, apoyó mi decisión. No había más, nos íbamos al América.

Llegar al equipo de Coapa fue en verdad como arribar a una gran familia, sostenida por valores de respeto, disciplina, integridad y gran amabilidad por parte de cada uno de los miembros de la institución. Te tratan con una calidez que te hace sentir especial y la operación en el día a día definitivamente corresponde a la de un club de gran altura. Un día de visita en sus sedes es más que suficiente para que te des cuenta de que ese famoso lema de "Ódiame más" no nació en sus entrañas, sino que viene del calor de sus aficionados. Naturalmente su grandeza y casta triunfadora tiende a convertir a quienes portan su uniforme en imán de elogios y de muchas miradas, y ahí sí hay que reconocer que hasta los de temperamento mejor forjado corren el riesgo de comenzar a marearse con el mote de todopoderoso. Yo fui uno de ellos.

Deportivamente, mi paso por las Águilas fue justo lo que yo proyectaba. A los 100 goles que llevaba acumulados en primera división hasta ese momento se sumaron otros 74 entre 2014 y 2019. Disputé torneos de liga, de copa, de Liga de Campeones y un mundial de clubes. Tuve el privilegio de celebrar dos campeonatos de liga: el decimosegundo contra Tigres en 2014, muy poco después de mi incorporación, y el decimotercero contra Cruz Azul en 2018, conquistado igual que el primero un mes de diciembre. Los años 2015 y 2016 también trajeron consigo una buena cosecha, dejándonos un bicampeonato consecutivo de la Liga de Campeones de la Concacaf. El transcurrir de esos años me permitió aprender de una amplia gama de estilos técnicos al trabajar con Antonio Mohamed, Gustavo Matosas, Nacho Ambriz y Ricardo La Volpe, además de reencontrarme con Miguel Herrera, para comenzar un capítulo distinto y más fecundo que el del pasado. A nivel personal, conforme fueron avanzando los años, las cosas comenzaron a sentirse un poco más volátiles. Sería una injusticia achacárselo al futbol o al América. Aunque la ola de alabanzas y de "reconocimiento" tuvieron algo que ver, es mi responsabilidad admitir que fui yo quien le abrió la puerta a otro yo que no conocía.

Ese hombre se olvidaba de la gratitud hacia los fanáticos y los trataba con desplantes. Ese hombre perdió la buena costumbre de disfrutar llamarles a sus padres. Ese hombre, siempre hogareño y cariñoso, de pronto comenzó a ausentarse emocionalmente de su esposa e hijos, creyendo que, desde su papel de proveedor, podía reemplazarlo todo con dinero. Ese hombre, cansado de ser el bueno y "el perfecto", salía y bebía con el afán de experimentar; es decir, quería saber "qué se siente" y se repetía "me lo merezco", escudándose en toda una vida de esfuerzo que ameritaba la recompensa de saborear a plenitud su fama.

Fueron meses intensos que coincidieron con la antesala al mundial de Rusia 2018. En casa se acentuaba el conflicto. Casualmente, el único lugar en el que se marcó una distinción entre el humano y el jugador estrella fue ahí. Mónica siempre marcó una línea en la que el futbolista se quedaba en la cancha, para recibir a la persona, al esposo, al padre. Esta división nos resultó funcional hasta que una parte de mí empezó a necesitar su reconocimiento. Sentía que todos me veían menos ella, y yo en verdad quería que estuviera orgullosa de mí y que me lo expresara. Estaba harto de sentir que no podía agradarla con nada. Por su parte, ella estaba desconcertada con mi cambio de actitud, dolida con mi alejamiento y a la defensiva. Ambos estábamos perdiendo el sentido de quienes éramos juntos, sólo que ella fue más sabia al recordarme quién era yo.

Antes de partir a una gira de preparación rumbo al mundial en Rusia, enfrentamos a Escocia en el Estadio Azteca como partido de despedida. Ante más de 70 000 espectadores, concretamos apenas un 1 a 0, en una era marcada por el señalamiento constante a nuestro director técnico, Juan Carlos Osorio, entrenador que, paradójicamente, considero como uno de los que más he aprendido en mi carrera, esto por su sistema de juego, transparencia con el jugador para explicar los motivos de sus cambios y alineaciones, además de una objetividad para tomar decisiones tácticas.

Esa noche me aguardaba una sorpresa. Mónica invitó a la Ciudad de México a toda mi familia: mis papás, hermanos, cuñadas, sobrinos. Los trasladó desde La Partida, los instaló en un hotel y los llevó a todos al estadio. No fue sino hasta que los vi ahí que me enteré de todo. Por supuesto que me alegré muchísimo. Terminando el partido, Mónica, con quien el distanciamiento ya había llegado prácticamente a "cada quién por su lado", me marcó para proponerme que me les uniera para celebrar, pero yo, montado en mi egoísmo, respondí que no podía.

"Es que ya había quedado con el equipo de ir a otra fiesta", le dije, dándoles la espalda a 18 personas que estaban ahí exclusivamente para estar conmigo; le dije no a mi familia, a mi eterno amor.

En efecto, opté por ir a la fiesta con mis compañeros seleccionados. Era una fiesta que organizamos en honor al cumpleaños de Javier Hernández, "Chicharito", y que, para colmo, terminó envuelta en el escándalo, pues pocos días antes del arranque del mundial la prensa publicó unas fotos donde sacaba completamente de contexto lo que había ocurrido, escandalizando por la presencia de mujeres que, cabe aclarar, lejos de lo que múltiples medios se dedicaron a señalar, eran únicamente invitadas. No hay nada de anormal en que un grupo de amigos quiera divertirse ocasionalmente, incluso siendo deportistas, pero aun así no nos salvamos de la lluvia de críticas que nos tachaban, por lo menos, de irresponsables.

Al día siguiente de esa fiesta no sólo me sentí irresponsable, sino también mezquino. Me atreví a desairar a toda mi familia; les di la espalda a las personas que habían estado siempre impulsándome para cumplir mis sueños; aposté por la satisfacción inmediata de una noche a costa de lo que pudieran sentir quienes me querían. Por fortuna, tuve la oportunidad de pasar unas horas con ellos antes de presentarme al viaje de concentración que me mantendría fuera del país varias semanas. Ese tiempo a su lado me tiró los lentes de fantasía que habían estado desviando mi vista de lo realmente importante.

Una vez terminada nuestra participación en el que se convirtió en mi último mundial, pude, en toda la extensión de la expresión, "volver a casa", es decir, pude reencontrarme con mi esposa y procurar a mis hijos. Me di cuenta de que con mis elecciones estaba generando una situación en la que podía privarlos de la estabilidad y cobijo de una verdadera familia, aquello me estremecía el corazón. Ahora tenía muy claro que quería hacerlo mejor esta vez. Como pareja, Mónica y yo aprendimos muchísimo de esta crisis, sabiendo que de ahí en adelante tendríamos que alimentar nuestra individualidad, así como fortalecer nuestro lazo de equipo, que se hizo todavía más fuerte cuando después del campeonato en el torneo apertura 2018 con las Águilas una lesión en el tobillo me sacó de las canchas.

A veces siento que esa lesión fue una manera drástica que tuvo la vida para reprenderme, como si ésa hubiera sido la única forma de asegurar que en verdad había despertado de la anestesia del ego. Lo que comenzó como un esguince durante un entrenamiento, se agravó. Requerí de una cirugía de la cual me fue más difícil reponerme. La molestia se extendió al talón de Aquiles, pues al no poder pisar bien, mi peso se concentraba hacia un solo lado y eso generó una tendinitis. En un abrir y cerrar de ojos, de enero pasamos a abril y seguía sin poder reincorporarme a las actividades regulares con el club. Ese periodo en recuperación, incómodo y doloroso, terminó por sensibilizarme. Yo, que venía de sentirme intocable e indestructible, estaba inmovilizado. Yo, que me había comportado como si no necesitara de nadie, ahora entendía que la única manera de superar ese tropiezo era junto a quienes incondicionalmente me acompañaban y me procuraban desde siempre en cada caída. Yo, que llegué a portarme como un engreído, estuve listo para reconocer mis fallas y comprometerme a ser una persona a la altura del amor y las bendiciones que recibía.

Recuerda que existe la posibilidad de acceder a un altísimo nivel de aprendizaje a través de las experiencias adversas, siempre y cuando encuentres el valor de mirar hacia tu oscuridad y hacer de tus errores la materia que te permita crear aciertos.

9

HONESTIDAD

Habla con honestidad. Piensa con
sinceridad. Actúa con integridad.

¡Traidor!

La trama de mi historia nos lleva ahora a un episodio en el que, según el espectador, pasé de héroe a ser villano. Una simple decisión se tornó en ofensa suficiente como para tacharme de mercenario. Sin que tengas que estar de acuerdo conmigo, te propongo que a continuación recapitulemos juntos los detalles de lo ocurrido y me permitas preguntarte: "¿Qué habrías hecho tú?"

En el incipiente verano de 2019 ya me encontraba recuperado de la lesión que me aquejó en meses previos. Me sentía optimista sobre el porvenir. Me enfoqué en recuperar la regularidad en América ahora que mi cuerpo me lo permitía. Gracias al tiempo de pausa y reflexión, comenzaba a darles vida a nuevos proyectos que nacieron en mi corazón durante ese periodo, incluido este libro. Aunque me encontraba tranquilo, sí llamaba mi atención que, pese a mi recuperación y disposición, el cuerpo técnico optara por mantenerme fuera de la alineación del equipo. La idea de que el futbol no es para siempre aparece con frecuencia en la mente del futbolista. Parte por la lesión y parte por esta relegación a vestidores, comencé a plantearme de manera seria y por primera vez mis posibles pasos fuera de la cancha. En alguna ocasión mi querido amigo y extraordinario portero Oswaldo Sánchez, me dijo algo que se me quedó muy grabado: "Es el futbolista el que debe de tener la libertad de retirarse del futbol y no que sea el futbol el que retire al futbolista". Por eso mismo abrí un espacio en mi mente para ello. Lo pensaba a manera de prevención y planificación, pero nunca con el objetivo de hacerlo en un periodo inmediato. Con todo y mis 35, me sentía con la estamina a tope para continuar jugando y que fuera para las Águilas.

Una tarde de junio, en una de las reuniones semanales que sostenía con mi equipo de trabajo para el desarrollo de proyectos alternos, me llegó un mensaje de texto desconcertante: "Oribe, te va a hablar Higuera".

El autor del mensaje era Santiago Baños, director deportivo del Club América, quien se refería a José Luis Higuera, que en ese momento era director general del Club Deportivo Guadalajara. "Le di tu número. Te está buscando porque quiere llevarte a Chivas", continuó para mi sorpresa. La notificación me dejó un poco aturdido. ¿Que Santiago me comunicara esto significaba entonces que América ya no me tenía en sus planes? Considerando que mi contrato con la institución seguía vigente, tengo que admitir que me extrañó que le diera seguimiento a una oferta como ésta en lugar de apelar por mi permanencia, especialmente porque hubo un antecedente un año atrás, justo antes del mundial, donde no me dejaron salir, es decir, había la posibilidad de regresar a Santos, pero cuando le expresé a Santiago el interés de Irarragorri por llevarme de vuelta, se negó, argumentando que no era conveniente porque no querían pagar por esa transferencia. ¿Qué pudo ser diferente en este caso? No es un secreto que mi sueldo era uno de los más altos, de modo que desahogar un poco la nómina del club pudo haber sido uno de los motivos. Adicionalmente, yo venía de una lesión. Es posible que eso causara incertidumbre en América y que se convirtiera en otro aspecto que pudo haber influido en que Baños decidiera impulsar la negociación en esta ocasión. Sea por unas o por otras, para mí fue sumamente sorpresivo, pero, como ya lo hemos hablado antes, así es la vida y también el futbol. Todo puede cambiar en un instante.

El miércoles que recibí esos mensajes estábamos de vacaciones por el término de la temporada, por lo que me disponía a aprovechar los días para viajar con mi esposa e hijos a Torreón para visitar a mi familia. En medio de esta súbita negociación, me hizo muy bien estar en La Partida, el lugar en donde todo empezó, así como platicarlo con mi familia y escuchar sus puntos de vista. Todos vaticinábamos que, en caso de concretarse mi transferencia, mucha gente tomaría a mal mi paso al equipo archirrival. A mí me preocupaba, sobre todo, cómo podía afectar todo eso a mis hijos, en especial a los dos más grandes, que ya tenían edad suficiente como para enterarse de lo que pudiera decirse en medios de comunicación y redes sociales, o bien, estar expuestos a comentarios crueles. Personalmente, dado que todo me tomó por asalto, me sentía contrariado. Para restarle exceso de sentimentalismo a la situación y poder tomar una decisión con objetividad, me propuse ver aquello no sólo con los ojos de futbol, sino como una nueva oferta laboral: una nueva empresa me estaba presentando un ofrecimiento y mi actual empresa lo apoyaba. Desde esa óptica, el cambio de camiseta no era otra cosa que un cambio de uniforme de trabajo, entonces, entraban otros factores indispensables para considerar en cualquier negociación que tenga la probabilidad de impactar fuertemente la dirección de tu carrera: que la oferta económica fuera buena, que el cambio de ciudad le brindara a mi familia igual o mejor calidad de vida, además de darme la posibilidad de evolucionar en mi profesión. Pese a que todo parecía cubierto, para tantear la veracidad de la oportunidad que tenía enfrente, tuve el atrevimiento de hacer una petición económica que, honestamente, creía que iban a rechazar. No obstante, la aceptaron. Con esto, el paso definitivo sólo dependía de mí, por lo que sostuve una conversación muy sincera conmigo mismo para recordarme que mi carácter se había forjado a partir de múltiples retos y que si había un hombre preparado para afrontar un reto como el de pasar del azulcrema al rojiblanco, ése era yo. Para el sábado por la tarde, el trato estaba hecho.

La noticia fue una bomba. Me habría encantado tomar la delantera en comunicarlo, pero Higuera se anticipó con un tuit especulativo, provocando que América publicara después un escueto comunicado donde me decían adiós y en el que daban a entender que yo había pedido irme, lo cual no necesariamente se apegaba a la realidad. Para cuando yo pude publicar mi más genuino sentir respecto a toda la situación —que estaba sumamente agradecido con América y con los incondicionales que me habían apoyado desde mis primeros días, además de agradecido y emocionado con el nuevo reto—, y confirmar mi salida del equipo de Coapa, así como mi incorporación al rebaño, las aficiones tanto de un equipo como del otro ya llevaban horas discutiendo o bien el insulto que esto les representaba o lo mucho que me apoyaban. No hubo blog, programa o comentarista deportivo que no hablara al respecto, cada uno con su particular visión. Las opiniones se dividían, pero si hemos de ser honestos para la mayoría me convertí en un traidor. ¿Que si me dolió? Sí, un poco, he de aceptar, especialmente por una numerosa fracción de la afición americanista. Cientos de miles de personas me reclamaban "no haber pensado en ellos" a la hora de decidir, sin embargo, desconocían totalmente el contexto. En un abrir y cerrar de ojos lo que pude haber hecho a favor del futbol —lejos de una camiseta específica— parecía haberse esfumado de su memoria y se deshacían en insultos hacia mi persona. En el otro extremo estaban los simpatizantes de Chivas, que también se declaraban escépticos y críticos a mi llegada; pero también hay que decir que en medio estuvo una mezcla de ambos —de Águilas y Chivas—, que fueron muy amables en expresarme su cariño en un momento de tanto escándalo.

Cuando uno toma decisiones importantes, no todo el mundo las aplaudirá y hasta podrás hacerte de enemigos, pero la paz y la tranquilidad de conciencia vendrán de actuar con honestidad y en congruencia contigo. Aunque al mundo no le guste lo que ve, tu integridad no está en juego.

A mi yo del pasado

Pensar en lo que pudo ser me resulta innecesario. Francamente, soy de los que creen que las cosas suceden siempre como tienen que suceder, porque en su desarrollo encierran la sustancia perfecta que necesitamos para evolucionar. Pero jugando a que pudiéramos influir en las líneas del tiempo y modificar su secuencia, yo aprovecharía ese poder únicamente para regresar a hablar conmigo mismo y darme la recomendación de algo que a veces me pregunto si pudo haber marcado una diferencia considerable en mi carrera. Me diría: *arriésgate más*.

Quizá en algunas ocasiones pude haber actuado con menor apego a mi naturaleza obediente; quizá a veces pude pensar menos en conjunto y un poco más en la individualidad. Mi gente más cercana me lo dijo muchas veces: "habla", "imponte", "exige"; pero siempre preponderé el respeto a las figuras de autoridad con las que me topé en cada etapa, confiando en que cada una sabía lo que hacía.

Nunca lo sabremos, pero es probable que mi carrera pudiera haberse expandido a otros países si hubiera decidido arriesgarme a manifestar mi inconformidad cuando, en mis primeros años en el futbol profesional, Monterrey decidió prestarme como refuerzo a Chivas en una Copa Libertadores sin consultarme, al tiempo que existía la opción de que me uniera a la selección sub-20 para disputar el torneo Esperanzas de Toulon, en Francia. A mí me hacía mucha ilusión participar en el segundo, considerando que ese tipo de torneos es presenciado por visores internacionales en la búsqueda de nuevos talentos, sin embargo, no me atreví a decir nada. Otra circunstancia en la que es posible que me hubiera venido bien hablar a mi favor, al menos por el sentido de justicia que le habría dado a mi mente, fue una ocasión estando en Santos, cuando Christian Benítez se lesionó, y nuestro entrenador, Daniel Guzmán, habló conmigo para solicitarme estar prevenido: "Te vamos a necesitar. Vas a jugar". Como yo estaba en banca, me sentí realmente contento de poder convertirme en el suplente de Benítez, pero la ilusión se vino abajo pronto, cuando Cuauhtémoc Blanco llegó del Chicago Fire como refuerzo a Santos, y yo volví a la lista de espera. No me quejo de la presencia de Cuauhtémoc, pues definitivamente fue una gran oportunidad para aprender de él, tanto de lo más brillante de su talento como de lo que yo no quería repetir de su temperamento. De cualquier modo, una parte de mí debía expresar que me sentía engañado por el acuerdo roto que prometía darme minutos. Pude haber dicho: "Si me dices que va a pasar una cosa, cúmplela". No obstante, entiendo que esta experiencia se sumó a todas aquellas que fortalecieron mi paciencia. Otras veces, por ejemplo, pude asumir el rol del delantero que se mantiene mayoritariamente en el área y acumular así más goles, pero la verdad mi instinto me llevaba siempre a ir tras el balón, a correr y a contagiar a mis compañeros para que también pelearan la bola.

En fin, es probable que haberme permitido uno que otro desacato hubiera creado diversos escenarios, pero a ese yo del pasado, sobre todo, quiero agradecerle y decirle que se quede tranquilo. Después de todo, cada decisión me trajo hasta aquí, donde me siento muy satisfecho.

Tirando netas

Ya que estamos hablando con verdades, probablemente éste es el mejor espacio para expresar unas cuantas, primero que nada, por mi necesidad de ser honesto y honrar a ese yo del pasado que pudo tomar mayores riesgos, así como por el deseo de que algunas de éstas puedan tener un eco favorable.

1. Por supuesto que habría deseado hacer mucho más en Chivas. ¿Quién querría llegar a un equipo a no

jugar? Cuando me uní a los rojiblancos lo hice con todo el afán de romperla; mi casta de capitán nunca apuntaría por menos. Que di todo de mí siempre, eso no se puede cuestionar; hice lo mejor que pude de acuerdo con las circunstancias. Estoy seguro de que de haber jugado con mayor regularidad, podría haber contribuido de manera más tangible, sin embargo, una vez más, esos aspectos quedaron en manos de quienes lideraron el barco. Podría decirse que fallé de nuevo en no hablar o no cuestionar los motivos por los que se me relegó a un rol secundario y en no ampararme en mis años de trayectoria para alzar la voz a favor de una titularidad, aunque tampoco le vi el caso. Supe adaptarme a lo que se consideró mejor para el funcionamiento del club y entiendo también que mi estadía me encontró en un punto diferente de la curva de vida del deportista; no lo describiría necesariamente como un descenso, pero evidentemente no fue el punto más alto de mi ola. Además, recuerda que yo tenía un lazo emocional y especial con el rebaño; desde pequeño pretendía jugar en su estadio y mis pininos en el futbol profesional sucedieron en sus canchas. Para mí, fue una continuación de una historia que, pese a que me habría encantado que fuera más prolífera en términos de goles, fue importante de otras maneras. Tuve la fortuna de llegar con una madurez mental, emocional y deportiva que gocé al compartir con mis compañeros de equipo, especialmente con las nuevas generaciones. Espero que si algo valioso pudo dejar mi paso por el club como futbolista haya sido ayudarles a algunos a sentirse más apoyados y seguros de sí mismos.

2. Si bien en ese tiempo me conduje con entrega y profesionalismo durante mi estadía en Guadalajara y me mantuve concentrado en contribuir en conquistar todos los grandes objetivos, hubo un momento de chasco en el que me vi forzado a poner en práctica dos cosas muy importantes: escucharme con detenimiento y platicar conmigo mismo. Mi cuerpo me hablaba y hacerme el sordo era inútil: "Ya no es lo mismo… Tu cabeza puede y me pide lo que yo ya no puedo como antes". Al principio dolió escucharlo. Me enojé, lo forcé a que respondiera como en nuestros mejores años, logrando en ocasiones sentirme muy bien y competir al mejor nivel, pero no lo hacía de forma consistente. Entonces me frustraba más. Así, se hacían presentes pensamientos que me mal aconsejaban: "De qué sirve que te esfuerces si ni te toman en cuenta", "Mejor ni entrenes, no vale la pena" y demás tontadas que me hacían sentir mal, cansado y pesado. Cuando estos pensamientos ocurrían, las conversaciones conmigo mismo tenían cabida. Me hacía entrar en razón recordándome que todo eso provenía del miedo, del ego herido y que, si realmente quería disfrutar de

esa etapa, me tocaba entender y aceptar que eran tiempos distintos, para los cuales estaba llamado a contribuir como y cuando se me solicitara. Hacer las paces con esa realidad me permitió estar en paz y rendir mejor. Poder convertirme en alguien tan consciente del impacto de la mente en el ánimo y el rendimiento —aunque fuera algo que ya sabía— es de las grandes aportaciones que militar en Chivas me dejó. Lo retomo en estas líneas para recordarte el impacto que tienen tus pensamientos en tu realidad. De acuerdo con nuestras perspectivas, experimentamos paraísos o pesadillas.

3. Hay muchas cosas que podrían hacerse diferente para catapultar al futbol de nuestro país. Una de las que considero más relevantes es que se tome mucho más en cuenta al futbolista en la toma de decisiones, ya que éstas terminan teniendo una repercusión directa en su carrera. Con frecuencia al jugador se le trata como mercancía, bajo el argumento de estar atados a un contrato; de esta manera, muchas veces se toman determinaciones que excluyen las preferencias o necesidades del deportista. Al pensar predominantemente en la institución, ya sea club o selección, el rumbo del jugador se ve afectado. Me parece que si se implementara una dinámica que les permitiera sentirse más tomados en cuenta y valorados, su nivel de satisfacción tendría una implicación directa en su rendimiento.

4. Algo que percibí al estar en un equipo de jugadores cien por ciento mexicanos es que hay una marcada renuencia a recibir críticas constructivas. El nivel de competitividad es mayor, lo cual no necesariamente se refleja en qué tan competentes pueden llegar a ser los futbolistas. A veces se cae en una rivalidad berrinchuda entre individuos que tienden a tomar como ataque cualquier observación. Si algo podemos aprender de los futbolistas extranjeros es que, mayoritariamente, son más abiertos a escuchar recomendaciones e instrucciones y, por lo mismo, tienden a corregir y mejorar. A cualquier futbolista —o persona— que quiera crecer y destacar le viene bien mantenerse receptivo y recordar que competencia no es igual a disputa. Si ayudas a tu compañero a brillar, todos juntos pueden brillar con mayor intensidad.

5. La opinión impopular: contrario a lo que dictaron los resultados, lo que yo pude apreciar en Chivas, al menos en el periodo de 2019 a 2021, fue evolución. Sé que en una cultura en la que la grandeza se mide mayoritariamente por triunfos acumulados, parece absurdo lo que digo, pues podría considerarse que en ese entonces y por un periodo extendido el equipo atravesaba una de sus más grandes crisis. No pretendo desmentir que el club no se encontraba en su mejor momento, pero sí quiero compartir lo que experimenté desde adentro. De que llegué

hasta que salí, sí hubo un crecimiento muy grande. No sé exactamente quién lo impulsó, pero sí sé que quisieron hacer las cosas diferentes. Por ejemplo: se dieron cuenta de que ir de un técnico a otro y a otro y a otro no les iba a dar resultados, por lo que comenzaron a enfocarse en brindarle más estabilidad al equipo, la cual es fundamental para el equilibrio mental y funcional del jugador. Esto tuvo implicaciones favorables incluso en las categorías inferiores, donde los jóvenes obtuvieron muy buenos resultados el tiempo que yo estuve ahí. Pero ¿por qué es bueno esto? Entre otras cosas, porque su desarrollo se impulsa en un ambiente apto para talentos que eventualmente se unirán al equipo mayor. Otro de los cambios positivos que presencié tuvo que ver con la cultura interna del equipo. Como comenté en uno de los puntos anteriores, una de las cosas que noté al llegar era una falta de comunión y compañerismo auténtico entre los miembros del conjunto. Les cuesta —o costaba— cuidarse unos a otros, por lo que tendían a atacar al que se equivocó, conducta que habría que analizar con mayor detenimiento para definir si nacía de o se extendía a los niveles de mando de la institución. Por supuesto que no se trata de solapar y alimentar conductas inapropiadas ni indisciplinas, pero un equipo, no sólo deportivo sino de cualquier tipo, debe poseer un sentido de contención y soporte;

acá, internamente, había una tendencia casi automática al señalamiento y persecución. ¿Cómo confiar en tu equipo si sabes que es el primero que va a enjuiciarte? ¿Cómo pensar en defender un fin común si con tal de defender el fin personal hay quienes hablan a tus espaldas? Esto para nada significa que me haya ocurrido a mí, simplemente es un relato de lo que observé. Afortunadamente, pude presenciar (y también procuré propiciar) que se generaba una transformación al respecto, en especial entre jugadores, lo que, de mantenerse, tendría que traducirse en confianza y unión, aspectos indispensables para mantener el estatus de ser uno de los clubes más grandes de México. En cuanto a lo deportivo, es probable que ese mismo estatus de ser de los grandes impedía que de manera abierta se pudiera reconocer el estar en un bache que sólo era posible revertir de a poco. Ese discurso permanente de "vamos a pelear por el título", en una etapa en la que evidentemente éramos más bien un equipo en reconstrucción, resultaba contraproducente. Claro, nuestro compromiso siempre fue aspirar a lo más alto, por lo que sembrar una visión objetiva y sustentable al interior era mucho más importante que enviar un mensaje que denotara autoridad al exterior, pero a veces cuidar la reacción del exterior parecía tener un carácter prioritario. Considero que ésa es una gran área de oportunidad para los rojiblancos,

es decir, continuar promoviendo una cultura organi-
zacional que guíe y respalde a sus jugadores, para
que esa noble disposición por el trabajo y la disciplina se complemente con una verdadera conjunción
y hermandad.

El futuro del futbol

Si ya me aventuré a dar un salto al pasado en recientes
párrafos, me permito también hacerlo al futuro para analizar juntos: *¿Hacia dónde va el futbol?*

En efecto, el futbol ya no es lo que era, y eso no es
tan malo. Hoy en día se priorizan características como la
disciplina, además de diversas cualidades físicas (estatura,
masa muscular, etcétera), pues como industria el futbol
ha descubierto que es más probable convertir a un atleta
en futbolista apoyándose de la repetición. Esto es, con
repeticiones tú puedes hacer que alguien le pegue bien a
la pelota, que te haga un buen pase de 40 metros y que
domine los mecanismos generales del juego, pero eso
tampoco es tan bueno. En beneficio de este sistema, se
ha sacrificado al jugador con talento natural, ése que entiende el juego como si hubiera nacido en él; aquel que
no tiene inconveniente en hacer más de lo que su mera
posición le exige; el que es creativo y sabe moverse en
espacios cortos; el que hace de más para no perder la
pelota; o que a veces la pierde precisamente por hacer de

más al pretender lucirse; no obstante, es aquel que puede sorprender con alguna genialidad aportándole emoción al juego. Esto no significa que los talentosos no sean disciplinados y viceversa, ni que una condición sobresalga sobre la otra, ni mucho menos que no existan quienes reúnan ambas, pero lo que es cierto es que esta tendencia deriva en que el *fut*, si bien se vuelve más dinámico, renuncia a ser más vistoso, porque casi todos los jugadores trabajan de la misma manera, lo que torna todo en un círculo monótono en el que hay pocas ocasiones de gol y se sacrifica el espectáculo. Antes había un jugador en el equipo al que nombraban *el creativo*, hoy en día la creatividad pasa por todos, lo cual es complicado, pues unificar la creatividad implica tener muy bien definido qué se va a hacer y qué va a realizar cada uno.

Hay otro aspecto a considerar que puede parecer ilógico. En la actualidad el futbolista o quien aspira a futbolista generalmente juega mucho menos al futbol. En el pasado el profesional se venía formando desde las calles, ¡¡jugábamos todo el tiempo! En el barrio jugar a la bola implicaba sortear una carrera de obstáculos: esquivar piedras, evitar coches o darle paso a la bici. Era jugar en su estado más crudo y adquirir mayor práctica. Recientemente veía una entrevista realizada al jugador argentino Pablo Aimar, donde decía: "El futbol ha cambiado tanto porque antes los chicos jugábamos en la calle, jugábamos en el barrio, de ahí nos llevaban a un club a pulir las cualidades… Íbamos, pulíamos las cualidades en el entrenamiento, regresábamos a casa, al barrio y otra vez a jugar". Es cierto, siempre estábamos en constante contacto con la pelota. Hoy las nuevas generaciones de futbolistas o de aspirantes van a entrenar una o dos horas y de ahí es más probable que regresen a casa a jugar videojuegos o a pasar mucho tiempo en su teléfono que jugando más al futbol.

Por todo lo anterior, me pregunto a dónde va el futbol. Considero que se aproxima a un futuro aún más mecanizado. Es natural que todo se transforme, pero ¿estaremos haciendo lo correcto al limitar al jugador inventivo y suigéneris en beneficio del juego colectivo? ¿En verdad es mejor encajar en un sistema que sobresalir? En una cultura tanto social como deportiva, que castiga al que se equivoca, los habilidosos terminan por desistir al intento, evitando riesgos y la toma de decisiones; rehúyen equivocarse por temor a ser señalados, rechazados, en un contexto que parece haber olvidado que con base en la prueba y error es como se construye el aprendizaje y se crece. Al respecto, resulta oportuno propiciar los escenarios que hagan al futbolista o al jugador colectivo pensante del futbol, no basta sólo con tener cualidades para jugar, es crucial que sea —recalco— pensante del futbol, que siempre busque la mejor opción para su equipo; si la tiene que pasar, la pasa, si tiene que quitarse a un contrincante y después pasarla, se lo quita y luego la pasa. En suma, tiene que estar preparado para hacer lo más simple del mundo, es decir, si te están atacando, un defensa viene y no tienes a nadie a quien darle pase y sabes que se puede exponer la pelota, la envías al saque de banda y ya, se acaba. Por obvio que parezca, eso es jugar con inteligencia y obviamente en beneficio del equipo. Desafortunadamente, el temor a quedar expuestos o a que alguien —llámese prensa especializada, fanáticos en redes sociales o los mismos dirigentes o miembros del equipo— ridiculice su intento limita al futbolista y, con ello, la creación de un mejor futbol.

Esto es de verdad triste y desafortunadamente durante algunos años más ésta será la tendencia en el futbol profesional, un futbol más concentrado en el estilo de juego e incapaz de tomar riesgos con tal de obligarte a ganar. Sin embargo, el futbol al natural —el que ocurre en la calle, en el parque, en el barrio— va a seguir siendo el mismo y ahí está la esperanza. Aquellos que vuelvan a unirse día y noche por un balón, a salir y jugar, que prefieran estar pateando una pelota que estar pegados a un celular, que estén dispuestos a trabajar mente, cuerpo y espíritu con entrega y disciplina, son quienes van a revolucionar de nuevo el futbol.

10
PROPÓSITO

Vivir nunca es insoportable por sus causas,
sino por la falta de sentido y propósito.

VIKTOR FRANKL

Solo frente al arco

Quienes amamos el futbol somos considerados apasionados por excelencia. Si no fuera por pasión, cómo explicaríamos ese fervor que nos lleva a mantenernos enamorados del juego, aunque experimentemos lo mucho que duele la derrota. Qué otra cosa podría justificar que un gol nos erice la piel o que en nuestra memoria haya más espacio para momentos gloriosos de copas del mundo, que recordamos con lujo de detalle, que para las fechas de cumpleaños de nuestra propia familia. La pasión es hermosa porque nos hace sentir con intensidad, pero también puede volverse peligrosa cuando no tiene un cauce. Si nos descuidamos, puede nublar nuestra razón y llevarnos a actuar con vehemencia. De esto último tenemos un horrible ejemplo que manchó para siempre al futbol no sólo de México sino del mundo, cuyos hechos no pueden calificarse de otra manera más que barbáricos. El 15 de marzo de 2022, durante un encuentro entre Gallos Blancos de Querétaro que recibía a los entonces campeones rojinegros del Atlas, se desató una bronca en las tribunas que alcanzó una magnitud inimaginable. El partido tuvo que suspenderse mientras los asistentes saltaban a la cancha mezclándose con los jugadores y cuerpos técnicos, todos tratando de resguardarse ante el pánico que desató la violencia con la que varios individuos atacaban a otros. Ni siquiera me parece apropiado revivir a detalle lo que aconteció aquella tarde, que no fue más que un acto delictivo. Cualquiera que haya estado ahí o haya visto las imágenes no querría otra cosa más que borrar tal inmundicia de su memoria. Lo único que vale recordar es que ese terrible hecho nos arroja muchas lecciones, entre ellas, que ser apasionado no es lo mismo que ser visceral, porque cuando es así, la pasión corre el riesgo de ser perturbadora.

Cuando la pasión está bien dirigida, puede ser el detonante de cosas maravillosas. A mí me encaminó hacia mi propósito. Descubrí que amaba enormemente jugar futbol, y eso nutrió mi determinación para hacerlo lo mejor posible, porque mi objetivo era convertirme en futbolista profesional. Aun si no lo hubiera logrado, sé que me habría sentido satisfecho porque esa decisión fue tomada por las razones correctas: por amor y porque el futbol cultivaba lo mejor en mí. Esa pasión por el deporte fue la puerta hacia la integración de valores que me construyeron tanto en lo personal como en lo profesional; espero que esto ya haya quedado claro a estas alturas. Todos queremos ser algo y anhelamos lograr cosas a través de esa identidad, pues nos hace sentir que tenemos un *porqué*. Todos deseamos vivir una vida significativa y nuestra misión es pasar de sólo desearla a experimentarla.

¿Sabes qué te acercará a ello? La suma de ser esa persona que quieres ser y hacer aquello que va en sintonía con tu identidad para acercarte a tus objetivos, lo cual te hará sentir que tu vida tiene un propósito y, mejor aún, que lo estás cumpliendo.

Te voy a poner un ejemplo muy simple. Yo elegí ser futbolista, ése era mi mayor objetivo, y de éste se desprenderían otros objetivos acordes a ese propósito mayor: ser un buen futbolista, ganar torneos, ir a Juegos Olímpicos, competir en un mundial, anotar en un mundial, etcétera. Así que, abrazando a ese futbolista interior, toda mi vida hice cosas que hacen los futbolistas, porque siempre me vi como uno, digamos que sólo fue aumentando el grado de complejidad, seriedad y profesionalismo con el que ejercí ese rol. ¿Qué cosas hacen los futbolistas o qué hice que me fue acercando a convertirme en uno? Bueno, muchas de ellas han quedado en evidencia en estas líneas, pero si requiriéramos un ejemplo más específico, evitando pasar por alto algunos aspectos, una de las cosas que me puso en sintonía con esa identidad que siempre deseé adoptar fue prepararme, es decir, entrenar tanto para desarrollar mis habilidades técnicas como para preparar mi cuerpo y mi mente para lograr un alto nivel competitivo. Para ello, cosas aparentemente "pequeñas", como crear una rutina consistente, terminan siendo determinantes.

A continuación te dejo la rutina del día a día que mantenía con cierta regularidad, aunque podía variar dependiendo de diversos factores, como si había doble partido en una semana, o si el entrenamiento era en la mañana o en la tarde, de si habíamos jugado de día o de noche, de locales o de visitantes, etcétera.

- Despertarme temprano, entre 6:00 y 6:30 a.m. Éste es un hábito que conservo desde niño. A mi mamá, mi abuelita la educó bajo la expresión *A quien madruga, Dios le ayuda*, y del mismo modo ella lo hizo conmigo y con mis hermanos. Nos dormíamos temprano para, como ella decía, evitar que a la mañana siguiente anduviéramos renegando de estar cansados o de no querer ir a la escuela, incluso en vacaciones nos despertábamos temprano para aprovechar el día. Prácticamente durante toda mi carrera mantuve esta costumbre, igualmente porque mis hijos tenían que levantarse temprano para ir a la escuela, y al yo ya estar despierto y listo, tenía la posibilidad de estar con ellos antes de que cada uno arrancáramos con nuestras actividades.
- Con ese arranque, las primeras dos horas del día me las dedicaba a mí y a mis más grandes prioridades: mi paz interior y mi familia. Era un momento para agradecer un nuevo día, así que me tomaba una breve dosis de lectura, un café y luego llevaba a mis hijos a la escuela.
- Después de dejar a mis hijos en el colegio, me dirigía al club. Como llegaba temprano, tenía tiempo

suficiente para desayunar ahí y prepararme con calma para el entrenamiento. Para mí, el desayuno siempre fue crucial, especialmente si estábamos en concentración y jugábamos tarde. Consideraba importante ingerir esa comida inicial porque mi cuerpo necesitaba el combustible luego de varias horas de ayuno, sin embargo, para muchos era opcional. Además, pensaba que, aproximándose el partido, lo menos que quieres es sentirte pesado por haber dependido únicamente de una comida muy sustancial al mediodía.

- A continuación, iba a entrenar. A lo largo de mis años en el futbol las metodologías de entrenamiento se han ido transformando. En mis inicios las sesiones de entreno eran muy largas, pero también de mucho "tiempo muerto". Entre ejercicio y ejercicio era fácil dispersarse y distraerse. Hoy en día las sesiones son de alrededor de una hora, hora y media en el campo, pero es un entrenamiento inteligente, más dinámico. Una vez culminada la práctica en cancha sigue el gimnasio; de 45 a 60 minutos aproximadamente de trabajo para aumentar masa muscular, incrementar la fuerza y resistencia, etcétera. Cada vez hay más futbolistas disciplinados y comprometidos con sus objetivos individuales, así que, aunque a nivel conjunto siempre se integran rutinas que mantengan en forma a todos los miembros del equipo, es muy común que existan quienes en horarios aparte complementan su trabajo tanto en gimnasio como en cancha para sentirse más preparados para cumplir con sus objetivos personales. Adicionalmente, también deben considerarse como parte de la agenda del entrenamiento las sesiones de rehabilitación, masaje y diversas terapias de recuperación física, pues son muy importantes no sólo para trabajar posibles lesiones, sino para evitarlas. Para el cierre, una ducha, ropa limpia y vámonos.

- Saliendo de entrenar, iba por mis hijos a la escuela. Llegábamos a la casa para disfrutar de una comida muy balanceada. Mónica siempre ha sido la capitana de ese hogar y en la mesa se garantiza una variedad de opciones: hojas verdes (ensaladas), vegetales (cocidos, al vapor, integrados al guiso, etcétera), proteína (pescado, pollo o carne), carbohidratos (arroz, pasta). Te lo cuento porque sé que este tipo de detalles causan mucha curiosidad. En mi caso pocas veces llevé una dieta demasiado específica, pero siempre he sido ordenado y consciente de nutrirme adecuadamente, sabiendo qué porciones y alimentos me hacen sentir y rendir mejor. Volviendo a lo que te contaba, cada vez hay más profesionales en el deporte buscando hacer ese extra que pueda maximizar sus resultados, por lo que es frecuente que se apoyen con los nutricionistas del club o con asesores externos para desarrollar planes mucho más específicos.

- Mi tarde era regularmente tranquila, de descanso óptimo para la preparación de los encuentros o para la recuperación. Si acaso, alguna actividad familiar o algún compromiso profesional que atender, pero regularmente era de pasarla en casa. Jugar con mis hijos, leer algún libro o jugar videojuegos, comer una fruta como refrigerio, otro café para escuchar música mientras nos daba la noche.
- Por ahí de las ocho, la cena. Algo ligero en compañía de mi esposa y mis hijos.
- Dormir, que también es parte fundamental del rendimiento de cualquier individuo, tocaba entre 10 y, máximo, 11 p.m.

En general, una rutina nada extraordinaria, como podrás darte cuenta, sin embargo, me dio orden. Me permitió hacerle espacio a todo aquello que considero importante y me aportaba valor. Y eso, vivir una vida valiosa y con significado, hace que nuestro paso por este mundo tenga sentido.

Nuestra verdadera misión es vivir una vida con propósito, más que tener un solo propósito en la vida. ¿Notas la diferencia? Léelo otra vez.

A través de los años he visto cómo las personas se obsesionan por definir su propósito de vida. A menudo se afanan en encontrar esa única cosa que parece prometer la realización eterna, pero si somos realistas, con el tiempo nuestros intereses mutan y nosotros también evolucionamos, por lo que atarnos a una actividad o profesión creyendo que es la única fuente de plenitud evita nuestra expansión. Lo que consideras tu propósito hoy puede cambiar con el tiempo, y está bien, es válido. Pero, por favor, nunca dejes de hacer las cosas con propósito; hagas lo que hagas, ponle corazón, entrega y proponte marcar una diferencia positiva.

Si sientes que te hace falta dirección, hurga en tus pasiones, explora esas cosas que amas y permite que te muevan hacia delante. Asegúrate de que aquello que elijas te acerque a sentirte verdaderamente tú y que te vaya revelando lo mejor de ti. Pon atención a tus talentos y habilidades, ya que por simples que te parezcan, podrían encerrar la clave para desatar tu autenticidad y genialidad.

Alguna vez te vas a encontrar en un punto determinante que se asemeje a uno de los momentos decisivos que vive un futbolista en la cancha: *encontrarse solo frente al arco*. En ese momento un futbolista tiene la responsabilidad de canalizar su enfoque y energía en anotar. Es la oportunidad más clara de gol porque nadie más le obstruye el paso, todo depende de su habilidad para no mandar desviada la bola o evitar que se la rechace quien defiende la portería. Si se mantiene centrado, tranquilo y aplica todo lo que ha practicado, meterá gol y el máximo objetivo será cumplido, pues habrá elegido y ejecutado sabiamente y consumará su propósito. Para ti, ese momento llegará cuando decidas quién y cómo quieres ser, qué quieres hacer para que eso que eres cobre más fuerza y por qué quieres hacerlo.

Te recomiendo que no lo hagas sólo por ti, porque de hacerlo corres el riesgo de sentir un gran vacío. Para un delantero no tendría sentido meter goles si no lo hace a favor de su equipo y de una afición. Piensa quiénes podrían verse beneficiados con tu propia grandeza. Conectar y compartir le aportará más significado a tu día a día, porque vivir una vida significativa es el verdadero propósito.

11
GRATITUD

Tal vez la gratitud no sea la virtud
más importante, pero sí es la madre
de todas las demás.

CICERÓN

El último partido

Todo en esta vida tiene una dosis de fugacidad y para evolucionar en paz hay que saber reconciliarse con ello. Todo futbolista profesional sabe que desde su primer partido también se está acercando al último, no es por ser fatalista ni pesimista, sino porque es la realidad, simplemente los ciclos se renuevan. Por ello, no dudo que mis colegas alimenten la fantasía de que cuando llegue el día de decirle adiós a nuestra profesión soñada lo hagan en un estadio repleto, en medio de aplausos y reflectores, con una afición vitoreando, gritando su nombre. Imágenes como ésta hay varias, por ejemplo, la de la despedida de Zinedine Zidane del Real Madrid, ante un estadio Santiago Bernabéu al borde de las lágrimas y rendido a sus pies y donde se dio el gusto de anotar y de salir del campo intercambiando camiseta con Riquelme, para semanas después darse el lujo de participar en un último mundial, el de Alemania 2006, y quedar subcampeón con la selección de Francia. Casi una década previa, el mismo Santiago Bernabéu abrió sus puertas para un partido amistoso contra el PSG en homenaje al mexicano Hugo Sánchez, el cual marcaría su retiro oficial. En 1998 el emblemático estadio Azteca esperaba darle el adiós definitivo de las canchas, en un encuentro a reventar entre México y Paraguay, donde Hugo hizo el saque inicial y detuvo todo besando el balón para después dar una vuelta alrededor del campo acompañado de una bandera tricolor; fue aplaudido por otros jugadores mexicanos leyenda como Jorge Campos y Cuauhtémoc Blanco. Épico.

Si en mis manos hubiera estado despedirme así, en las canchas, habría preferido hacerlo en un amistoso que convocara a varios de los futbolistas con los que tuve el honor de compartir uniforme, compañeros y amigos que hicieron de mi carrera un pasaje memorable, con quienes aprendí y me divertí por igual. Como no pudo ser de esa forma, lo que me quedó fue elegir cómo despedirme, además de escoger qué sentido quería darles a mis horas finales como profesional.

No recuerdo cuál fue el último partido que jugué, seguramente una búsqueda rápida en internet nos resuelva la duda, pero he decidido ahorrármela, ya que en mi corazón el verdadero último partido es uno que disputé desde la banca, un partido de repechaje en una noche agridulce de noviembre de 2021, en la que quedamos fuera de la liguilla con Chivas, luego de una muerte súbita contra Puebla.

Llegué a ese encuentro sabiendo que podía ser el último para mí, era una decisión tomada desde meses atrás. Mi contrato con el club estaba por concluir y después de evaluar concienzudamente mi futuro sabía que había llegado la hora. No se lo mencioné en ese momento a nadie del equipo para no distraerlos del objetivo que teníamos aquella noche, que era clasificar a la liguilla. No obstante, mi retiro era ya algo elegido y platicado con mi familia. Guardarles esta noticia a mis camaradas hizo todo más nostálgico, especialmente cuando el marcador no nos favoreció.

En realidad había sido una buena noche, arrancamos con ventaja en la pizarra con un gol de Isaac Brizuela, luego nos igualaron, remontamos con un gol de Alejandro Mayorga, pero nos empataron de nuevo. Fue hasta la tanda de penales que nuestro rival logró imponerse y ni modo. Ni el buen funcionamiento del conjunto ni la determinación con la que se disputó en el terreno de juego alcanzaron para lograr el resultado que deseábamos. Entonces, volví junto con el resto de mis compañeros al vestidor. De manera generalizada, había una mezcla de tristeza, enojo y frustración en la atmósfera; yo mismo me sentía así, pensaba en lo injusta que se sentía la derrota en un partido que se había jugado bien. Entre rostros abatidos y después de un discurso por parte del cuerpo técnico y de los directivos, antes de que todos entraran a las duchas para prepararse para la salida, pedí que me cedieran la palabra.

Se vale estar tristes en este momento, se vale estar enojados, es normal… Es un sentimiento normal que surge cuando sientes impotencia por algo que tú creías que merecías y al final no conseguiste. Está permitido llorar y pueden patear y pueden quedarse furiosos toda la noche si quieren, pero mañana tienen que estar listos para lo que viene. Ustedes tienen un potencial enorme, pero se conforman y se la pasan quejándose y se la pasan hablando mal del compañero y se preocupan más por lo que hacen los otros que por hacer las cosas bien ustedes, que por ser profesionales. Enfóquense en eso, enfóquense en ser mejores y dar lo mejor de ustedes para el equipo. Juegues o no juegues, si estás en banca, si no estás, como sea, desde donde te toque. En ello es donde van a encontrar la verdadera satisfacción, eso es lo que realmente te hace estar en paz, y estando en paz tomas mejores decisiones en tu vida. Tomen esto en cuenta si es que quieren crecer, si no quieren crecer, se pueden quedar igual, pero tomen en cuenta que cada uno es responsable de lo que hace con su vida y decidir no hacer nada para mejorarla también es una decisión. La verdad es que en el tiempo que he estado aquí me ha tocado ser testigo de su gran capacidad, tienen muchísimo potencial, no se conformen, hagan lo que está en sus manos y den siempre su 100%. Puede ser que concluyan que aquí no conquistarán la oportunidad que anhelan, puede ser que por diferentes circunstancias se tengan que ir a otro equipo y deben estar listos para ese nuevo reto, porque así es la vida, la vida te va presentando reto tras reto, por eso, esmérate… Esmérense, sólo así se está listo.

Luego, les di la noticia:

A lo mejor soy yo quien debería estar más triste. Ustedes no lo saben, pero éste fue mi último partido, hoy me despido del futbol profesional. Siento la misma tristeza y frustración que ustedes por el resultado de hoy, me siento triste también porque ésta es de alguna manera una despedida, pero primordialmente me siento en paz. Me siento en paz porque cierro este capítulo de muchos años de entrega, sin saber exactamente qué sigue, pero con la certeza de que lo que sea será algo bueno porque será el resultado de lo que he construido, así que ¡venga, cabrones! ¡A darlo todo! ¡Los quiero ver triunfar!

Para ese momento muchos estaban llorando. Me despedí de cada uno con un abrazo y diciéndoles algo característico de ellos, resalté sus cualidades y me permití hacerles alguna recomendación sobre las áreas en las que creía que podían mejorar. Todos se mostraron receptivos y afectuosos. Incluso Amaury Vergara me habló por teléfono posteriormente para agradecerme esas palabras y reiterarme que las puertas de Chivas quedaban abiertas para recibirme. Sentí que había cumplido mi propósito, que mi paso por la institución había valido la pena y dejado huella. Completamente agradecido, estaba listo para lo que venía.

Al día siguiente regresamos a Guadalajara. Llegué por ahí del mediodía a casa para encontrarme con una emotiva sorpresa que me prepararon mi esposa y mis hijos, quienes me recibieron con abrazos, globos y letras que decían "24 por siempre". Los niños estaban contentos, pero aún guardaban la esperanza de que les dijera que no era cierto, que su papá iba a seguir siendo futbolista; en especial Jero, el más pequeño, quien amaba que fuera jugador profesional, como si eso me convirtiera en una especie de superhéroe. Pero la decisión estaba tomada y fue tomada en gran parte en honor a ellos. Merecían poder establecerse en un lugar, crecer sin tener que despedirse de sus escuelas y amigos cada vez que yo tenía que cambiar de sede, tener a su papá todavía más presente. Yo ya le había dado todo al futbol y el futbol me había dado mucho también. Aunque recibí varias ofertas —ninguna de las que se especuló en la prensa—, mi decisión era firme y clara.

Me resulta difícil describirte lo gratamente sorprendido que me sentí el día que hice el anuncio oficial. Yo tenía la ingenua idea de que cuando dijera "Adiós y gracias", sería como bajar el *switch* de las luces de un estadio, abriéndole paso al silencio y la calma. Lejos estaba de anticipar la respuesta que hubo alrededor de la noticia que me llevó a recibir cientos de miles, si no es que millones de muestras de cariño de mis fans, familiares, amigos, compañeros de la industria y gente de todos los ámbitos. Fue avasallador, fue el cierre inesperadamente perfecto para una historia que comenzó conmigo y un balón, un balón que seguirá rodando.

Un millón de satisfacciones = un millón de esfuerzos

Una vez, en una conferencia, escuché contar al boxeador mexicano Ricardo "el Finito" López que cada que estaba a punto de saltar al ring repetía para sí mismo: "A Dios rogando y con los guantes dando", haciendo referencia a que cuando tienes un propósito, los milagros que contribuyen a que se cumpla surgen a partir del nivel de compromiso y esfuerzo que estás dispuesto a invertir. Tu triunfo no será gratis. Si quieres gozar de un millón de satisfacciones, entonces un millón de esfuerzos serán los que habrás que depositar a cambio. Pensarlo puede llegar a resultar imponente, pero te aseguro que, aplicando este modelo, el rendimiento más importante que recibirás invariablemente será sentir tu corazón agradecido. Cuando dirijas tu mirada hacia la persona que eras, mientras dibujabas el carril que dirigió tu camino, y la compares con aquella en la que te has convertido; cuando revivas los instantes en los que creías no poder más y en los que un segundo aire te permitió continuar; cuando recuerdes tus caídas y a quienes estuvieron ahí para asistirte, percibirás que todo es perfecto. No dudes que así tenía que ser, que así tenía que suceder para que tu versión más poderosa pudiera revelarse. Por eso, agradece.

En los días en los que nada salga como quieras, agradece aquello que sí marcha bien. Agradece al adversario que ha venido a probar tu carácter, al igual que agradeces a quien te apoya, porque ambos te engrandecen. Da gracias por los días de carencia, porque te permiten valorar los de abundancia; agradece con la misma devoción los días grises o los soleados, pues ambos ponen ante ti la posibilidad de avanzar y de dejar huella.

Me tomo estas líneas para agradecer el plan perfecto que Dios dispuso para mí, donde me dio el privilegio de ser copartícipe. Él me mandó a este mundo a ser feliz y yo elegí cómo y con quién; Él me dio la misión de recordar que nada de lo que hagas determina tu valor en esencia, además, me permitió aprenderlo con el juego más hermoso del mundo. Diecinueve años de carrera, más toda una vida entregada al futbol, me han dado justo lo que me ha hecho falta en cada momento para seguir creciendo como ser humano.

Creo fielmente que la mejor manera de expresar gratitud es dar. Dar es la vía para corresponder a todo lo que recibes. Nuestros dones y talentos se engrandecen al ponerlos al servicio de los demás. Agradezco haber recibido el don de ser hábil con el balón y darles alegrías a millones de personas a través de ese talento. Agradezco que siempre hubo alguien que creyó en mí y espero ahora ser yo quien ayude a otros a materializar sus sueños. Doy gracias por todo aquel que fue oídos tanto para mis anhelos como para mis preocupaciones; por ello, ahora procuro entonces guardar silencio para escuchar a quien lo necesite. Todo lo bueno que pueda dar lo daré como ofrenda por todo lo bello que he recibido.

Sin duda me tocó invertir un millón de esfuerzos para llegar a donde quería, pero también he recibido más de un millón de satisfacciones a cambio. Por cada cosa, mi corazón se mantendrá por siempre agradecido.

LOS REFUERZOS

No aflojes

Espero que este vistazo a mi historia de vida y a mi carrera haya contribuido de alguna manera favorable en la tuya. De cualquier modo, quisiera redondear todo lo que hemos venido platicando en una frase, la cual he utilizado durante años para recordarle a toda la afición que me ha acompañado, tanto en los estadios como en redes sociales: el crecimiento personal y profesional es un compromiso de todos los días. Para ti y todos ellos, el recordatorio de mi parte seguirá siendo: #NoAflojen. Esta frase es una especie de lema que adopté de mi tío Canels, quien siempre nos la repetía a mis primos, hermanos y a mí: "Va bien, mijo, ¡no afloje!" Con el paso de los años, esas dos simples palabras adquirieron un significado muy poderoso, pues sintetizan que en los momentos de desafío o flaqueza la vida te está invitando a crecer.

Con la finalidad de que este libro, más allá de lo anecdótico, te permita comenzar a implementar cambios reales que te conduzcan a tus victorias particulares, quiero compartir contigo un par de herramientas aplicables a tu caso personal, las cuales estoy seguro de que se convertirán en elementos que reforzarán tu desempeño. Tómate un tiempo en calma para hacer estos ejercicios y siéntete libre de volver a ellos cada vez que estés pasando en un cambio importante, o bien, cuando necesites un recordatorio de por qué vale la pena seguir adelante.

Suena el silbato y arranca el partido. En otras palabras, pongamos manos a la obra.

P + P + P = O

Lo mismo en entrevistas que en conversaciones más informales, en innumerables ocasiones me lanzaron una pregunta recurrente: "¿Cuál consideras que ha sido tu fórmula para el éxito?" Que me lo preguntaran con tanta frecuencia me llevó a reflexionarlo a profundidad. Sin duda los 11 elementos que se agruparon en estas páginas fueron todos determinantes, aunque hubo tres que, en conjunto, representan una combinación muy personal, los cuales podría considerar como los catalizadores de mis triunfos.

1. PROPÓSITO. Si no hubiera tenido claro quién quería ser, qué quería hacer y por qué, habría carecido de la fuerza para avanzar. Sin un rumbo y un motivo, es probable que hubiera corrido el riesgo de convertirme en alguien frustrado o infeliz.

2. PACIENCIA. Siempre tuve la tranquilidad de saber que estaba haciendo lo que me correspondía en beneficio de mis objetivos, además, no tomé una actitud pasiva esperando que las recompensas me cayeran de la nada. Por eso, ante los múltiples "no" o "todavía no" que se me presentaron, tuve la sen-

satez para mantenerme. No sólo se trató de esperar, sino de confiar.

3. PERSEVERANCIA. Constancia y dedicación resumidas en una palabra. No sólo fue aguantar, sino más bien mantener el empeño y la entrega, incluso los días de banca.

P (Propósito) + P (Paciencia) + P (Perseverancia) = Oro

Estos tres son los ingredientes principales que me llevaron a conseguir mi oro personal; son esos factores los que podrían definir quién es Oribe.

Ahora vamos a descubrir los tuyos:

- Comienza por hacer una lista de, al menos, seis atributos o valores que han destacado en ti cada vez que has atravesado algún obstáculo.
- Ahora, elige los tres más determinantes, es decir, aquellos que hayan aparecido la mayor cantidad de veces en los retos que hayas afrontado, o bien, aquellos que han marcado la diferencia más importante a tu favor. Escríbelos dentro de cada círculo.

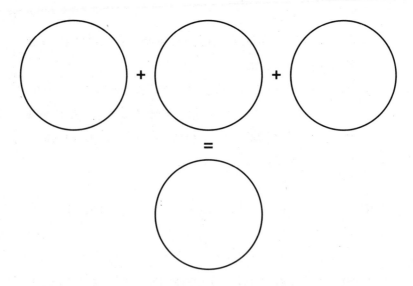

¡Listo! Ahora ya tienes tu fórmula personal del éxito. Siempre que estés frente a oportunidades o retos, recuerda que estas fortalezas viven en ti y te ayudarán a conquistar la victoria.

Tu once ideal

Como pudiste darte cuenta a través de las páginas de este libro, cada uno de los valores y atributos que conformaron mi alineación ideal fueron cruciales para triunfar tanto profesional como personalmente. Ahora me gustaría acompañarte a definir tu propia selección personal.

- Sigue las indicaciones y llena las casillas.
- Al terminar, toma una hoja aparte para reflexionar y escribir por qué cada una de esas palabras, atributos y valores son importantes.

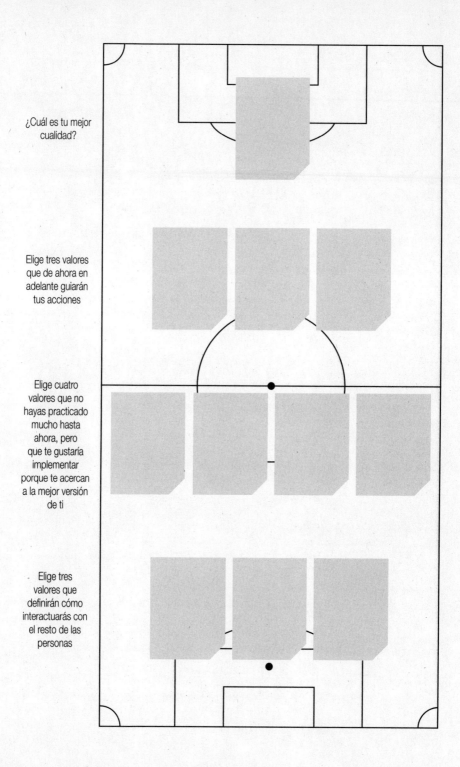

¿Cuál es tu mejor cualidad?

Elige tres valores que de ahora en adelante guiarán tus acciones

Elige cuatro valores que no hayas practicado mucho hasta ahora, pero que te gustaría implementar porque te acercan a la mejor versión de ti

Elige tres valores que definirán cómo interactuarás con el resto de las personas

AGRADECIMIENTOS

Muchas cosas han pasado a lo largo de mi vida, he vivido grandes momentos y otros no tan buenos; he conocido personas maravillosas y otras no tanto; pero sin duda alguna hoy puedo decirte que cada uno de esos momentos y cada una de esas personas contribuyeron para que me convirtiera en la persona que soy hoy en día. Por eso, desde lo más profundo de mi corazón, les digo GRACIAS.

Gracias, papá y mamá, por inculcarme gran parte de los valores que hoy rigen mi vida, por apoyarme siempre y alentarme a seguir mis sueños.

Gracias, Mon, por dejarme compartir contigo y junto a ti esta aventura llamada vida, por hacerme más valiente y por amarme con todos mis defectos.

Gracias, Diego, Lía y Jero, por llegar a mi vida y ser una razón más para perseverar en ser una buena persona, estoy y estaré siempre orgulloso de ser su papá. ¡Los amo!

Gracias, José Luis Maldonado, por mostrarme que la mayor forma de gratitud es ayudar, sí, ayudar desde el corazón sin esperar nada a cambio.

Gracias, familia Peralta y familia Morones, por cada consejo, por cada peso, por cada risa, pero sobre todo gracias por estar en los momentos más complicados. (Los pongo en general porque son un chingo y no me alcanzaría el libro para agradecer a cada uno. ¡Los quiero!)

Gracias, Diego Medellín y Livier Zúñiga, ¡mi equipo! Porque sin su ayuda este libro jamás hubiera sido posible.

Un agradecimiento especial a Sandra Reyes y a Miguel Ángel Moncada, por su confianza y aportación para hacer posible este proyecto.

Gracias a mis hermanos Obed y Miguel, a Rubén Omar Romano, Salvador Necochea y Salvador Necochea Jr., por sus testimonios. Sus palabras contribuyeron a refrescar mi memoria y darles vida a estas páginas.

Gracias también a todos los que de una u otra manera influyeron en mi vida: entrenadores, compañeros, amigos, clubes y afición, todo lo que soy es gracias a cada uno de ustedes.

Por último, y más importante, quiero agradecerle a Dios por cada uno de los dones que me regaló, por poner en mí grandes sueños y las oportunidades y los recursos necesarios para que se hicieran realidad.

Mi once ideal de Oribe Peralta
se terminó de imprimir en el mes de octubre de 2022
en los talleres de Diversidad Gráfica S.A. de C.V.
Privada de Av. 11 #1 Col. El Vergel, Iztapalapa,
C.P. 09880, Ciudad de México.